守望经典  学问弥新

未名社科·大学经典

政治与行政
——政府之研究

〔美〕弗兰克·古德诺 著
丰俊功 译

图书在版编目(CIP)数据

政治与行政：政府之研究/(美)古德诺(Goodnow, F.J.)著；丰俊功译．—北京：北京大学出版社，2012.7

（未名社科·大学经典）

ISBN 978-7-301-19827-8

Ⅰ.①政… Ⅱ.①古…②丰… Ⅲ.①政治制度-研究-美国 ②行政管理-研究-美国 Ⅳ.①D771.221

中国版本图书馆 CIP 数据核字(2011)第 252230 号

书　　　　名：	政治与行政——政府之研究
著作责任者：	〔美〕弗兰克·古德诺　著　丰俊功　译
责 任 编 辑：	耿协峰
标 准 书 号：	ISBN 978-7-301-19827-8
出 版 发 行：	北京大学出版社
地　　　　址：	北京市海淀区成府路 205 号　100871
网　　　　址：	http://www.pup.cn　电子邮箱：ss@pup.pku.edu.cn
电　　　　话：	邮购部 62752015　发行部 62750672　编辑部 62753121
	出版部 62754962
印 刷 者：	北京汇林印务有限公司
经 销 者：	新华书店
	890 毫米×1240 毫米　A5　8.25 印张　158 千字
	2012 年 8 月第 1 版　2022 年 7 月第 7 次印刷
定　　　　价：	26.00 元

未经许可，不得以任何方式复制或抄袭本书之部分或全部内容。
版权所有，侵权必究
举报电话：010—62752024　电子邮箱 fd@pup.pku.edu.cn

古德诺
(Frank J. Goodnow, 1859—1939)

经典作家小传

古德诺

(Frank J. Goodnow,1859—1939)

美国政治学家、行政学家、行政法学家、教育家。1859年1月18日生于纽约市布鲁克林,1939年11月15日逝于巴尔的摩。曾在美国阿默斯特学院获得文学学士学位(1879)和文学硕士学位(1887),在哥伦比亚大学获得法学学士学位(1882),也曾在法国巴黎和德国柏林等地学习。1883—1914年开始在哥伦比亚大学教授法律。古德诺是美国政治学会的主要创建人,并于1903年成为该学会第一任主席。1900年参加起草了《纽约市宪章》。1911—1912年任美国塔夫脱总统的经济与效率委员会委员。1914—1929年任约翰·霍普金斯大学校长。著作有《比较行政法》(1893年)、《政治与行政》(1900年)、《美国的市政府》(1904年)、《美国行政法原则》(1905年)等。其中最有影响的就是这部《政治与行政》,确立了他在公共行政学研究中的开创性地位,并因此而被誉为美国的"公共行政学之父"。古德诺于1913—1914年曾任当时的中国政府顾问,发表过有关中国问题的著述(代表性的有《解析中国》、《中华民国宪法之评议》、《共和与君主论》等)。

名师点评

- 在《政治与行政》中,古德诺的最大贡献在于对威尔逊提出的政治—行政二分法作了进一步的阐释与发挥,形成了关于"政治—行政二分法"的典范。同时,古德诺还对国家行政与政治、法律、政党之间的相互关系,行政与立法、司法之间的相互关系,中央与地方之间的关系,行政功能与体制之间的关系等重大理论问题做出了有益探索。这些成就奠定了古德诺在行政学和行政法学研究中的不朽地位,他的行政学思想对于后世的行政学和行政法学研究产生了深远的影响。

——谭功荣(深圳大学)《西方公共行政学思想与流派》

- 随着《政治与行政》一书的出版,政治与行政两分法的观点得到了较为系统的阐述,从而为建立系统的行政学奠定了理论基础。也正是在这之后,在美国形成了比较系统的行政学理论,并得到了广泛的承认。

——胡象明(北京航空航天大学)
《政治与行政两分法:思想渊源及其评价》

- 古德诺在其《政治与行政》一书中通篇的探讨立足于两个出

发点。一是行政效率,在此基础上,他提出了行政集权论,另一个则是政党政治,在此基础上他提出了双重责任原则。这两个出发点一起构成了古德诺的民治政府理论。

——佟德志(天津师范大学)《古德诺的政治思想》

前　言

本书旨在说明，法律规定的正式政府体制与现实的体制并不总是完全一致，尤其是从美国当前政治现状的角度来考虑，情况更是如此。本书还力图指出，为了使现实的体制与作为正式体制基础的政治理念之间相契合的程度比目前更紧密，我们应该对美国正式政府体制进行哪些方面的改革。

我们在这方面的努力包括：对政府的活动进行分析，对它们之间的相互关系进行考量，并对政党的地位以及我们开始称为"党魁"的领袖地位进行研究。

我们提出的具体补救对策是：首先，按照联邦行政体制的模式，使州行政体制实现更大程度的集权，以期从行政机关的庞大规模中获得权力，这种权力现在已经阻碍了州法律的贯彻执行，因而这才使行政机关从执政的政治考验中解脱出来成为可能；其次，将政党作为一个受法律认可的政治组织置于有效的公共监督之下，以期政党及其领袖能够更加积极地对公共意志做出回应。

笔者的好友兼同事富兰克林·H. 吉丁斯（Franklin H. Giddings）教授应笔者的要求，爽快地答应了审阅本书初稿，并提出了很多宝贵的建议和意见，在此对他表示真挚的感谢。

弗兰克·J. 古德诺
哥伦比亚大学
1900 年 4 月 1 日

目　录

前　言　/ 001

第一章　国家的主要功能　/ 001

第二章　政治的功能　/ 019

第三章　中央政治和地方政治　/ 037

第四章　行政的功能　/ 057

第五章　行政体制对政治与行政关系的影响　/ 075

第六章　政府体制尤其是行政体制对政党地位的影响　/ 105

第七章　民治政府　/ 119

第八章　党魁　/ 135

第九章　政党与政党领袖的责任　/ 161

第十章　结论　/ 201

附：行政之研究　〔美〕伍德罗·威尔逊　/ 209

第一章　国家的主要功能

经典名句

◆ 与仅能够提供法律框架的法律形式相比，法外制度对政治体制产生的影响更大。

◆ 人类的政治生活在很大程度上是由人性决定的，即由我们是人这一事实来决定。

◆ 政治是政策或国家意志的表达，行政则是对这些政策的执行。

◆ 在所有的政府体制中都存在两种主要的或基本的政府功能，即国家意志的表达和国家意志的执行。

《美国宪法》

研究政府问题的大部分专家，都倾向于将自己的研究限定在那些更加引人关注的事实上，而这正是只对正式的政府组织进行专门研究所造成的。因此，大多数研究美国政府的专著都是以美国宪法为开篇和收尾的。诚然，也有些人致力于探讨美国宪法的历史和现状，但是，很少有人试图抛开正式的政府组织而对民众的真实政治生活进行考察。毫无疑问，他们之所以在对政治制度进行探讨时会采用这种方法，我们可以从以下事实中找到原因，即：美国政治科学中大多数声名显赫的学者都是律师，因此，他们不习惯跳出成文法的规定考虑问题。

然而，没有哪一种研究方法比这种方法更能误导学者们对国家的真实政治生活所形成的判断了；这是因为，政府体制的特点不仅是由法律制度决定的，同样也是由法外制度决定的。实际上，事实确实如此，与仅能够提供法律框架的法律形式相比，法外制度对政治体制产生的影响更大。正因为如此，罗马成为帝国以后，在很长一段时期内，对外仍然保留着共和制的形式。也正因为如此，英国的公法才对君主、枢密院和议会预作了安排。但是，每一个了解英国政府的人都知道，在这些制度当中，没有哪项制度会比内阁更能对英国人的真实政治生活产生影响——而内阁这一机构在英国的法律中从未被提到过。①

约翰·威廉·伯吉斯（John William Burgess，1844—1931），美国政治思想家。

伯吉斯（Burgess）花了很大力气才解释清楚主权和政府的区别，他评论道："旧形式在向新形式转变，当这种转变在潜移默化中逐渐显现时，可以说，它并未鲜明而精确地在旧体制和新体制之间划出一条界线。当然，旧国家［主权］根本没有觉察到这种变化，或者至少在很长一段时间内以及在经受许多痛楚的体验之前并未觉察到，而仍然用描述主权的话语描述自己。当它仍然还在为自己的高贵炫耀时，却没有意识到现在的这件外衣只是从别处借来的。另一方面，新主权要经过很长一段时间才可能拥有自己的组织机构，这是一个非常缓慢的过程。"② 此处对主权的评价非常具有说服力，如果用于评价政府，尤其是评价一个以成文宪法为基础的政府，那会更加贴切。这一体制一经采用，政治势力就立即开始对它进行诠释和修正，民众对此几乎是毫不知情的，直至现实中的政治体制变得与宪法本身所规定的体制截然不同。随着时间的流逝，毫无疑问，

---

① 内阁是由中世纪英国国王的顾问机构枢密院（the Privy Council）中的外交委员会演变而来。"内阁"在 1937 年通过的《国王大臣法》中才获得法律认可，而本书作于 1900 年。——译者

② Burgess, *Political Science and Comparative Constitutional Law*, Vol. I, p. 69.

体制中发生的实际变化最终会为民众所知晓，因此，它也就可能被吸收反映到正式宪法当中。但是，在政府法定体制发生变化的很久之前，政府的实际体制很可能早就被改变了。

这一事实的最好例子莫过于美国总统的选举方法了。尽管美国宪法规定，总统是由各州的民众正式选举产生的，也就是说，是由民众选举的总统选举人选举产生的，但是，几乎没有人在选举总统选举人时会去考虑选举人的品格。此时人们所关心的是政党提名的总统候选人。因此，政党制度就成了宪法的补充——实际上我们也可以说是对宪法的修正，对总统选举的宪政方法进行的讨论无法使我们正确理解实际的选举方法，因为它并没有探讨政党对这一问题的态度。

如果政府体制不是以成文宪法为基础，那么法外制度在政府体制的理论讨论中更有可能会占有一席之地。这是因为，在这样的国家里，宪法本身在很大程度上就是一种惯例。因此，为了阐释清楚宪法，我们必须对惯例进行考察。所有的研究者都不可能会忽略法外制度的影响。因为除了这些法外制度，他还能拿什么东西来当作结论的基础呢。正因为如此，现代对英国政府体制的论述很有可能要比对美国政府体制的论述更加令人满意。通过这一点可以说明，一般而言，对政治力量的运行和运作所进行的描绘更加准确和精确。具有重要意义的是，对美国现实政治体制做出了最佳描述的是英国人布莱斯（Bryce）先生，他在自己国家习惯了从成文法的背后去考察其政治体制，并将他熟悉的这一方法应用于我们的体制，从而使得他对美国政治制度的描述让我们钦佩之至。

一般而言，对政府课题进行研究的学者不仅未能恰当地将重点放在法外制度上，而且他们还往往会将自己的研究限定在宪法问题上，或许他们可能根本就没有将行政体制考虑在内。然而，和宪法所规定的政府形式一样，行政体制对整个政府体制的影响也是巨大的。

鲁道夫·冯·格奈斯特（Rudolf von Gneist, 1816—1895），德国政治学家、政治家。

格奈斯特（Gneist）差不多是第一位呼吁我们关注行政制度重要性的著名学者。他越来越确信，发端于英国，而后又被移植到欧洲大陆的议会制政府体制，并没有实现这一体制在英国所达到的效果。因此，他开始着手对英国的制度进行全面详尽的研究，不仅仅研究了闻名于世的英国宪法，而且对英国的政府体制，尤其是对其行政体制进行了考察。他从研究中得出结论认为，脱离了英国的行政体制就无法理解英国的议会制，而且，相比而言，欧洲大陆议会制显得不那么成功的原因在于，在欧洲大陆的基础之上矗立着一个英国的上层建筑。格奈斯特认为，情况之所以会如此，是因为将英国制度介绍给欧洲大陆的是法国学者，诸如孟德斯鸠（Montesquieu）、德·洛尔默（De Lolme）和本杰明·康斯坦特（Benjamin Constant），他们只是知道英国王权与英国议会之间的关系，但却对作为英国议会基础的行政体制毫不了解。① 格奈斯特将余生致力于倡导变革德国的行政体制，期许德国也能奠定类似英国发展议会制的基础。

我们应该谨记，不仅要从法律的内部，而且还要从法律的外部来探究一个民族的政治制度。我们还应谨记，不了解行政体制就无法理解宪法。如果我们记住了这两点，那么我们就可以认为，与那些囿于宪法正式条文的思考所想象存在的政治制度相比，不同民族的政治制度会显示出更大的相似性。

人类的政治生活在很大程度上是由人性决定的，即由我们是人这一事实来决定。当然，人的智力水平和是非观念在人类发展的不同阶段是不同的，即使是人类发展前一阶段所采用的政府形式也可能会对后一阶段的状况产生重要影响。但我们相信，在人类的智力和道德相同的阶段，即使政府的外在形式差异很大，不同民族的真正政治制度也将展现出很大的相似性。正如我们所说过的，这种相似性主要是源于如下事实：无论在什么地方，不管在什么时间，人类终究是人类，因此，所有人类政治组织必然具有相同的终极目的，必然以普遍的方式采用相同的方法满足这一目的。有时候，这些政治组织可能会在正式政府组织中充分体现出来。但实际上在很多时候，它们没有得到体现。因此我们必须对全部的政治生活予以考察。

正是因为不同国家的实际政治体制具有这种相似性，才使我

---

① Cf. Gneist, *English Constitutional History*, Preface.

们有可能将国家作为一个抽象的概念进行考察。如果真实的马之间并不相似,那么我们就无法将马作为一个抽象概念进行思考,同理,如果这些具体的国家之间并没有很大的相似性,那么,离开了我们已知的国家的具体实例,我们就无法对国家进行考察。这一抽象的理论概念不仅是可能存在的,实际上,所有的政治科学理论工作者似乎早就掌握了这一概念。这个概念进而就成了一件被赋予了生命且具有了活力的东西所具有的概念。当对国家进行抽象的考察时,国家通常被比喻为一个有机体。许多政治作家曾经注意到国家与有机体之间的这种类比。这一观点近年来已经得到广泛认可,霍布斯(Hobbes)在他的著作《利维坦》(*Leviathan*)中似乎已经预示了这一点。一些作家甚至宣称,说国家像有机体是不妥帖的,国家实际上就是一个有机体。① 但是,另外一些人认为,强调生物学上的相似性是非常危险的,而且他们还提到了社会心理和社会意志,似乎政治组织的行为是一个具有意志力的人恪遵自己真实意志的结果。因此吉丁斯说道:"社会联合(association)的首要结果是个性心理的演化,次要结果是社会心理的演化。"② 他还说:

富兰克林·亨利·吉丁斯(Franklin Henry Giddings,1855—1931),美国社会学家、经济学家,曾任美国社会学会主席。

---

① See Posada, *Tratado de Derecho Administrativo*.
② Giddings, *Principles of Sociology*, p. 132.

"社会学是一门精神现象高度并发和激烈反应的科学,是一门使生活适应性与环境实现互惠的社会媒介积极演化的科学。"①

不管此国家概念中哪些部分是真理,哪些部分是谬误,但有一点是正确的,即政治功能本身会自然而然地分为两类,而这两类分别同等地适用于心理活动和自觉的个人行动。也就是说,国家作为一个政治实体,其行动既存在于国家意志表达所必需的活动中,也存在于国家意志执行所必需的活动中。国家意志或主权意志必须在政治行动开始之前予以确立并明确表述。如果国家意志或主权意志会引发政府行为,那么我们必须在明确表述这种意志后予以执行。进而言之,国家或国家机构采取的所有行动都是为了促进这种意志的表达或推动这种意志的执行。无论政府体制的外在形式是什么,情况都是如此。

在纯粹的君主制中,表达国家意志所必需的活动自然没有民治政府或民主政府那么复杂,但在这两种政府体制中,它们在本质上具有相同的性质;甚至在更大的程度上,执行国家意志所需的活动在这两种体制中也具有相同的性质。政府的形式不会对上述情况产生影响,但是唯一例外的是,政府的民治程度越低,国家意志的执行功能与国家意志的表达功能之间的差异就越小。这是因为所有君主制政府都有将政府权力集中到同一个权力机构的倾向。然而,劳动分工的要求也使对这两种功能进行区分成为必

---

① Giddings, *Principles of Sociology*, p. 26.

要,即使在君主制政府中也是如此。

进而言之,对这两种功能进行区分还出于心理原因方面的考虑。就个人而言,自然是由他本人明确表述并执行自己的意志,因此他必须在执行意志之前明确表述自己的意志。就政治行为而言,主权者的意志不仅必须要在执行之前进行明确的表述或表达,而且这种意志的执行不应该委托给表述或表达这种意志的机构,而应该委托给其他机构。在政治实践中,政治状况的错综复杂使同一政府机构无法同时执行这两种功能。

因此,事实上,不仅所有类型的政府都区分了这两种功能之间的差异,而且所有政府都设立了多少有些不同的机构。尽管每个机构或许并不会将自己只限定于执行这些功能中的某项功能,但这些机构的特点是,它们的作用大部分或主要在于执行这项功能或那项功能。这就是人类在解决政府问题时一般采用的方法。此外,由于心理上的需要以及这是一条实用的权宜之计,所以人们不可避免地要采用这种方法。

孟德斯鸠(Montesquieu)著名的分权理论正是基于对政府功能的这一基本划分。在《论法的精神》(*Esprit des Lois*)一书(第11章第6节)中,他对三种不同的政府权力进行了区分,他将这三种权力分别称为立法权、行政权和司法权。孟德斯鸠将政府功能分为三种而不是两种,其原因可能是他的理论在很大程度上源自对英国制度的研究。当他写作此书时,英国几乎是文明世界中唯一一个在政府机构中对行政机构和司法机构进行明确区分的国家。我们应当记住，这是由英国 1701 年颁布的《王位继承法》(Act of Settlement) 确立的，该法规定，禁止国王未经议会同意就擅自罢免法官。在司法独立的情况下，孟德斯鸠得出司法权与行政权分立和相互独立的结论是非常自然的事。

但是，如果孟德斯鸠进一步深入研究的话就会发现，仅仅依靠法官独立这一事实无法推断出第三种政府功能（即司法功能）的存在。如果我们对高等法院法官的权力进行研究，尤其是对治安法官的权力进行研究，我们最终会得出结论：英国人的政治观念与政府三种权力的存在并非协调一致。的确，议会负责制定法律，但是法院凭借裁决具体案件的权力也制定法律。与此同时，法律又是由行使审判权的机构执行的。

孟德斯鸠认为存在三种政府权力的理论最终也未得到自己国家中现代政治哲学的认可。正如法国行政法巨擘之一迪克罗克（M. Ducrocq）所言，"人类只能想象出两种权力：一种是制定法律的权力，另一种是执行法律的权力。因此，除此二者之外，并无第三种权力的立锥之地"①。

孟德斯鸠（Montesquieu，1689—1755），法国启蒙思想家。

但是，孟德斯鸠的理论并不只是包括

---

① 孟德斯鸠本人也倾向于这一观点。正如迪克罗克指出的，孟德斯鸠将执行权称为"公法中关于事和人的执行权"，将司法权称为"私法中关于事和人的执行权"。Ducrocq, *Traité du Droit Administratif*, 6th edition, 1881, Vol. I, p. 29.

承认政府功能的权力分立,还包括政府机构的分立,并将不同的政府权力委托给了不同的政府机构。这些理论对孟德斯鸠《论法的精神》一书问世后成立的政府组织产生了巨大影响。

就这一点而言,这一理论已经超出了作者认为的适当范围,实践证明,这一理论的极端形式无法应用于任何具体的政府组织。毋庸置疑,美国的经验就说明了这一点。①

在各州制定早期宪法(包括国家的宪法)时,权力分立原则以及由此原则得出的政府机构分立推论已经得到了这个国家的普遍认可。因此,权力分立原则及其推论为这些政府章程奠定了基础。美国联邦最高法院的法官米勒(Miller)说:"这被认为是美国成文宪法法律制度的主要功绩之一:不管是州政府还是联邦政府,所有委托给它们的权力都被划分为行政、立法和司法三部分;政府部门的相应职能应该由独立的公职机关承担;制度的完善要求对区别和划分这些部门的分界线进行明晰的界定。这些政府部门中的任何权力受托者不得僭越授予他人的权力,而且所有人都应该按照部门设立的法律依据行使属于本部门的权力,不应超越部门限制行使其他部门的权力,这对体制的顺畅运转同样也至关重要。"②

然而,事实证明,这种权力分立原则和机构分立原则作为一项法律原则是行不通的。法院曾多次做出破例裁决,所有这些例

---

① See People v. Simon, 176 III 165; 68 Am. State Rep. 175.
② Kilbourn v. Thompson, 103 U. S. 168.

外情况都是在认同如下说法的基础上发生的,即"各政府机构间的交界处存在着'公地'",每个政府机构都占用着"公地",因而也必须容忍其他机构占用"公地"。① 尽管宪法条款、司法裁决和判决附带意见对机构分立的基本问题做出了规定,但是我们必须认识到,机构分立原则只能以一种弱化的方式存在于我们的宪法性法律中。

然而,机构分立理论不断出现的例外情况并不能仅归咎于法院裁决,这也是由宪法自身造成的。美国宪法和欧洲各国宪法亦是如此。对于那些建立在政府功能划分一般理论基础之上的政治机构而言,它不会将国家意志的表达功能只交给制定国家规则的机构去执行。

因此,对于那些以执行国家意志为主要功能的政府机构而言,它们经常——实际上通常都被委以执行国家意志表达的具体任务。然而,执行这些具体任务必须遵守以表达国家意志为主要功能的政府机构制定的一般性原则。这也就是说,在绝大多数情况下,被称为执行机关的机构拥有相当大的制定法令权或立法权。

另一方面,以表达国家意志为主要功能的机构,即立法机构,通常有权以这种或那种方式控制以执行国家意志为主要功能的机构对国家意志的执行。也就是说,虽然人们可以轻而易举地

---

① Brown *v.* Turner, 70 N. C. 93, 102.

区分政府的这两种功能，但却无法明确规定应该将这些功能委托给哪些政府机构执行。

指派独立的机构负责每种功能是不可能的，原因不仅在于政府权力的执行无法明确分配，还在于随着政治体制的发展，政府的这两种主要功能往往会分化为次要功能和辅助功能。每种次要功能都会委托给在一定程度上独立和自治的政府机构予以执行。这些政府机构在政治体制中都各有自己的专属名称和职司。

例如，国家意志的不同方面因此可以由不同的国家机构表达。这就是美国政治体制的典型特征，在这种政治体制中，制宪的权力机构（即民众）表达的国家意志是与政府组织的形式和个人的基本权利有关；而另一个政府机构——立法机构表达的国家意志大部分是宪法未曾表达过的。此外，无论是通过宪法规定还是立法机关授权，最高行政长官或下级行政机关可以通过颁布法令来表达立法机关不便于做出裁决的具体国家意志。

国家意志的执行亦是如此。如果我们对任一具体的政府组织展开分析就会发现，执行国家意志的机构分为三类。第一类机构是运用法律解决由私人或公共权力机关未能尊重他人的权利而引起的争议案件的机构，此类机构被称为司法机关（judicial authorities）；第二类机构是对国家意志的执行进行全面监督的机构，人们通常将此类机构称为执行机关（executive authorities）；最后一类是致力于政府的科学活动、技术活动以及可以说是商业活动的机构，这种机构遍布各国，而且它们从事的上述活动已经引起了人们的广泛注意,这类机构被称为行政管理机关(administritive authorities)。

随着政府变得日益复杂,这三种执行国家意志的机构之间的分化也日趋明显。首先是司法机关,它不仅是最早分化出来的机关,也是分化最为明显的一个机关。实际上,正如前面所指出的,司法机关与其他机关之间的差异有时如此明显,以至于一些学者将司法机关的活动当作一项政府分立的权力或职能划分了出来。

上述论述足以说明,人们认为存在两种不同的政府功能,而且这两种政府功能的分化又使正式政府体制规定的政府机关发生了分化(尽管这种分化并不彻底)。为了方便起见,我们可以将这两种政府功能分别称为"政治"与"行政"。政治是政策或国家意志的表达,行政则是对这些政策的执行。

当然,我们在此处赋予"政治"的含义与绝大多数政治作家提到这个词时所指称的含义是不同的。但是,我们认为这里提到的"政治"的含义与大多数人在日常生活中提到的"政治"的含义是相同的。因此,《世纪辞典》(The Century Dictionary)对"政治"的界定是:"从较为狭义和更为普遍的意义上来说,政治是通过公民中政党组织指导或影响政府政策的行为或活动——因此,它不仅包括政府的道德规范,而且还包括,尤其是——如果职位的获得取决于个人的政见或政绩,那么它就会排斥道德原则——影响公共舆论、吸引和引导选民以及获取和分配公职的艺术。"

对"行政"一词做出解释的必要性不大，因为从科学的角度来说，与"政治"不同，"行政"并没有如此固定的含义。布洛克（Block）在他的《法国行政辞典》（*Dictionnaire de l'administration francaise*）中将"行政"定义为："执行政府意志和实施普遍利益规则的公共服务总体。"《世纪辞典》对"行政"的定义是："行政人员的职责或责任；特别是指政府的执行功能，存在于行使政府所有权力和履行应尽职责的过程中，这种权力和职责既是全国性的也是地方性的，而且既不是立法权也不是司法权。"

我们注意到，这些定义都强调这样一个事实，即"政治"是关于指导或影响政府政策的，而"行政"是关于执行政府政策的。这正是我们想要区分的两种功能，而"政治"（politics）和"行政"（administration）则是我们为表达这两种功能而选出的两个词。

遗憾的是，从这个意义上来说，使用"administration"（行政）一词可能会让人产生误解，因为当这个词与定冠词"the"连用时，也表示一套政府机构。"The administration"一般是指最重要的执行或行政机构。因此，当"Administration"一用来表示功能时，它往往会使人产生如下想法，即政府的这种功能只存在于我们通常称之为执行或行政机构的工作中。反过来，人们往往又会认为，这些机构只限于执行行政功能。然而，在任何一种政治体制中都不会出现这种情况，尤其是在美国政治体制中，更不会如此。美国的立法机关具有通过特别法令的权力,它通常是借助于这一权力来实施行政功能;而美国的行政机关则通过行使其拥有的否决权对政治功能的实施产生重大影响。

美国联邦法院

另外,美国的法院在使用"行政"(administration)和"行政的"(administrative)两个词说明政府功能时一般较为随意。正如前面指出的,我们在构建政府体制时就曾试图将分权原则包含在内。因此,先前还是模糊不清的政治学理论现在已经变成了严格的法律原则;而先前具有一定吸引力的政治理论则因为其模糊不清的形式立刻变成了不可行也不适用的法律准则。

在我们的政府体制中试图合理地运用"行政"会引起不便,为了避免这种不便,美国的法官们已经习惯将"行政的"(administrative)看作是在他们看来不是专指或不完全是立法、执行或司法的权力,并且也允许任何机构实施这种权力。①

尽管法官们选择"行政"一词的习惯在某种程度上存在不当之处,但是这也说明人们已经不止一次地意识到:虽然政府的这两种功能分化明显,但是将这两种功能分配给两个分立的机构执行却是不可能的。

最后,那些被授权负责执行国家意志大部分工作的机关在不同的国家有不同的地位,这就致使不同的国家对"行政"概念产生了不同的理解。因为人们曾经认为"行政"就是执行功能,即执行机关的功能。然而,近来的行政作家已经认识到,从理论思考和实践便利的角度而言,人们不应该将行政只看作是执行机关的一种功能,也就是说,政府的这个机构是根据成文法成立的执行机构。与之相反,我们已经知道,行政是执行国家意志的功能。它在某些方面可能比成文法规定的执行机构功能要大一些,在某些方面可能又小一些。

因此,在所有的政府体制中都存在两种主要的或基本的政府功能,即国家意志的表达和国家意志的执行。此外,所有国家也都设立了分立机构,每个机构主要负责这些功能中的某项功能。这些功能分别是:政治与行政。

---

① Bondy, "Separation of Governmental Powers," *Columbia College Series in History, Economics, and Public Law*, Vol. V, p. 202 et seq.

第二章　政治的功能

经典名句

◆ 政治的功能首先与国家意志的表达有关，其次与国家意志的执行有关。

◆ 政治功能将决定在国家意志的表达问题上谁占据主要地位、谁位居次要地位和代表性地位。这也就是说，政治功能必须解决主权问题和政府问题。

◆ 为了确保国家意志的执行，政治应该对行政进行控制，但是，为了确保民治政府的利益和实现高效的行政，同时又不应该使这种控制超出必要的限制来实现其存在的合理目的。

◆ 政治功能与国家意志的表达和执行都有关——前者居于主要地位，后者居于次要地位。

美国国会山

如前所述，政治的功能就是表达国家的意志。然而，其行使可能不会只授权给政府的某一个或一套机关。另一方面，任何一个或一套机关也可能不会只限于行使这一种功能。因此，权力分立原则的极端形式不能成为任何一种具体政治组织的基础。这是因为，这一原则要求政府机关分立，而且每个政府机关只负责执行已经出现分化的政府功能中的某项功能。然而，实际的政治需要要求国家意志的表达和国家意志的执行须保持协调一致。

法律和法律执行之间的不协调会导致政治瘫痪。如果行为准则，也就是国家意志的表达，得不到贯彻执行，那么它就形同虚设，毫无实际意义。它就仅仅是虚张声势而已。另一方面，执行一种并非国家意志所表达的行为准则，实际上就是执行机关在行使表达国家意志的权利。

现在，为了实现国家意志的表达与国家意志的执行之间的协调，表达国家意志的机关和执行国家意志的机关，二者之间必须有一方牺牲独立性。要么是执行机关必须服从表达机关，要么是表达机关接受执行机关的控制。只有这样才可以实现政府的协调；也只有这样，真实的国家意志才可以成为大家普遍遵守的实际行为准则。

最后，民治的政府要求，执行机关应该服从表达机关的安排，因为表达机关理所当然要比执行机关更能代表民众。

换句话说，实际的政治需要根本不可能使行政功能从政治功能中分离出来。如果从迄今为止人们认为的广义上使用"政治"和"行政"这两个词的话，那么政治必须对行政具有一定的控制权。我们在考察任何一个国家的政治发展时，就会发现政府的这两种基本功能之间存在某种这样的关系。

如果为了防止政治在细节上对行政产生影响，而考虑分别将主要承担这两项功能的政府机关在法律上分离开，那么这种必要的控制必须在法律规定之外进行。美国的政治体制就属于这种情况。

美国的政治体制主要建立在政府权力分立这一基本原则之上。因为宪法性法律赋予了执行官员和行政官员独立的地位，所以要在正式的政府体制范围内实现政治对行政的必要控制就不可能了。因此，这种控制就在政党制度下发展起来了。美国政党不仅忙于选举执行官员和行政官员，还忙于选举具有明显政治特点且与国家意志表达相关的机关。因此，政党制度确保了政治与行政之间的协调一致，而这种协调对于政府的成功运作是不可或缺的。①

---

① 福特（H. J. Ford）先生所著的《美国政治的兴起与发展》（*The Rise and Growth of American Politics*）是一本既有价值又有趣的书。福特先生是第一位注意到这一事实的著作家，即在美国政府体制中，这一最为重要的职责是由政党承担的。

另一方面，如果没有试图在政府体制中区分政治和行政，如果政府机构没有通过成文宪法获得相对稳定巩固的形式，那么对行政功能的控制和监督往往就会由负责政治功能的政府机构承担。

因此，在英国，当人们通过对议会的控制实现了对国家意志表达的控制后，他们就会即刻开始工作，着手使议会——他们的代表，控制受委托执行国家意志的政府机关。他们成功地做到了这一点，于是就形成了目前内阁对议会负责的体制。

因此，政治的功能首先与国家意志的表达有关，其次与国家意志的执行有关。

只要政治功能与国家意志的表达有关，那么它就会涉及众多细节问题。因此，政治功能将决定在国家意志的表达问题上谁占据主要地位、谁位居次要地位和代表性地位。这也就是说，政治功能必须解决主权问题和政府问题。政治功能必须在代议制政府体制中明确规定谁是选民，他们应该通过什么方式投票和为谁投票，以及法律应该由政府体制中的什么机关制定。

进而言之，解决此类问题不仅需要考虑正式政府组织涉及的问题，还需要考虑政党的组织问题。正是在政党的干预下，选民的选择范围才限于少数人，政治行动原则也才得以确立。这是因为，为实现这一目的而设立的组织与正式政府组织担负着表达民众意志的相同职责。一个民治的代议制政府形式加上一个由寡头政府体制或党霸控制的独裁政党组织，不可能产生真正民治的政治制度，也就是说，它不会允许民众或国家意志自由表达，其情形和在不那么民治的政府形式中存在一个不那么专制的政党组织形式一样。

因此，研究政治功能的学者必须考察政党制度，因为政党制度非常重要，能够对政府体制产生影响。①

洛厄尔（Abbot Lawrence Lowell，1856—1943），美国教育家，法学家，曾任哈佛大学校长。

有时，政党非常重要，会成为正式政府体制的一部分，并得到法律的承认。美国在这方面就是一个很好的例子。在我们早期的政治史上，法律几乎没有对选举方法做出规定，更没有对政党的组织和政党的活动做出规定。然而，在美国革命之前，政党已经在一些殖民地发展起来了。在当时的纽约殖民地，政党之间的斗争已经开始表现出严酷性，而自从那时起，这种严酷性就一直是那个州的政治特点。②

政党冲突的激烈性，促使在该州的第一部宪法中加入了一项无记名投票选举规定，即秘密投票的条款。从此，无记名投票选举就成了我们选举制度的一部分。随着选民人数和需要选举的官员人数的增加，仅有无记名投票的规定是不够的。因此，相关部

---

① 洛厄尔（Lowell）先生最伟大的新作《欧洲大陆的政府和政党》(*Government and Parties in Continental Europe*) 是政党研究对政府研究具有重要价值的范例。

② Gitterman, "Council of Appointment in New York," *Political Science Quarterly*, Vol. VII, 1892, p. 80.

门通过了多部法令，规定了无记名投票的形式和具体操作细节。法院严格执行这些法令规定。所有违反法律规定的无记名投票，也就是会泄露选民选举意愿的选举，都是非法和无效的。这项立法的最大目的是确立一种无记名投票方式，防止政党组织利用被认为是非法的手段说服选民支持某些特定候选人。

但是人们发现，在这项法律通过之前，在政党工作最为活跃的州，政党竞争导致人们试图进行所谓的"重复投票"，即同一位选民为同一位候选人投一张以上的票；也导致了"移民选举"现象的出现，即将不合格的选民集中到受政党领导人控制的选区内进行投票选举；此外，还导致产生了投假选票和计票弄虚作假的现象。为了消除这些卑劣行径，相关部门实行了选民登记制度，并在选举法中加入了旨在保证诚实计票的条款规定。

最后，因为政府并不负责选票的印制和分发，所以，由政党全权代理的普选制导致政党的负担过于沉重。对于不具备雄厚经济实力的组织而言，它们不可能在选举前完成提名候选人工作，也不能保证他们完成参加竞选所必需的各项工作。[1] 因此，后来制定的条款规定，选票的印制和分发由政府官员负责并由国家出资，总的来说，该条款是参考澳大利亚采用的方法制定的。

我们主要是通过英国《1872 年投票法》来了解澳大利亚投票制度的，该法结合了澳大利亚投票制度的特点。然而，这种投票

---

[1] See Ivins, *Money in Elections*.

制度是为另一种政党制度建立的，这种制度并不符合美国政治体制所造就的政党的要求。与美国相比，英国选民的人数特别少；而且英国选民在一次选举中需要选举的官员数量也相当少。正是由于这一原因，人们立即提出了改造澳大利亚投票制度以适应美国现状的要求。

在改革英国投票法时，最重要的一点要求是，确保选民具备识别正式选票所必需的资格。英国选举法规定，在候选人经少数选民选举获得正式提名后，他们应该将他们的名字印在正式选票上。该法还规定，按照英国惯例，如果只有一名候选人获得了正式提名，那么负责选举的官员可以不按选举程序直接宣布此候选人当选。最后，将候选人名字印在选票上所需的费用由候选人本人支付。

在英国的这种投票制度中，我们必须注意以下几点。首先，无论如何，此政党并未获得法律承认。其实政党也没有必要获得这种承认，因为选举中需要政党负责的工作很少。通常而言，每次选举只是为一个职位选取适当人选。投票并不是所有选举所必需的，这一条款规定使政党没有必要在每次选举时都提名一名候选人。因此，各政党没有必要维持一个常设机构，而且这也并非明智之举。进而言之，在英国，此类常设机构并不像在美国那样，长时间都有存在的必要，因为在英国只有少量选民会受到此类机构的影响。最后，当投票表决时，每位候选人应支付将自己的名字印刷在正式选票上所需的费用，这一规定能够防止政党提名那些当选机会不大的候选人。

因此,从理论上来说,除非对英国《1872年投票法》进行重大修改,否则它不适用于美国,因为美国的政治状况与英国存在巨大差异。要对《1872年投票法》进行重大修改,主要是从法律上承认政党作为提名机构的地位。

承认政党的法律地位,可以使用以下两种方式中的一种,通常是两种方式并用。首先,合格的政党提名应得到政党代表大会的批准。此外,在很多情况下,各党候选人在选票专栏里要么印上一个名衔,说明该党的名称,要么印上一个经政党正式选择决定使用的标志,该标志应该足以向文盲选民说明该候选人隶属的政党。最后,在按照澳大利亚制度规定的原则制定的新法律中,政党一般被定义为,在上次选举中投了一定比例选票的政治组织。

人们注意到,在所有实行该制度的州中,政党作为政治机构获得了某种法律认可。大多数州采用了按政党分栏列出候选人的选票。一直有人坚持认为,使用这种分栏选票的原因是,政党领导人希望使离开了政党的政治活动难以进行或至少阻碍这些活动的进行。然而,人们应该记住,美国的政治体制使此类活动即使不是不可能,那也变得非常困难。美国的选举制度向选民提出了此类要求,为了满足这些要求,选民必须依靠政党。在得不到政党帮助的情况下,我们不能期望选民能够从那些为了填补众多空缺职位而获得提名的候选人中,选出他希望为之投上一票的人。

在选民人数众多而文化程度不高,但在一次选举中又需要选出多位官员的人口密集地区，普通选民在很大程度上依赖于政党在选举前所做的工作，这是非常自然的。在邻里感情淡漠的地区，不能期望选民对候选人的个人优缺点有较多的了解。

此外，如果希望实现政府内部的协调，那么在某个行政区内，某个大党的所有候选人都应该当选，这一点是非常重要的。在很大程度上，候选人个人必须服从政党的领导，个人责任必须让位于政党责任。

然而，为了使选民的活动不只局限于受到正式承认的政党的活动，同时也是为了在被要求成立新政党时能够顺利成立，于是制定了提名证书的规定。但是，用提名证书的方法进行提名对在场人数提出了很高的要求，这就给这一方法的实际应用造成了极大的困难。出于同样的原因，独立提名时所需的人数被有意增多，为此就采用了按政党分栏的选票，这对防止轻率提名是必要的。印制此类选票所需的费用被纳入到公共支出范围，这与英国不同，此项支出在英国由候选人承担。

对有关选举和选票的法律发展所做的脉络梳理说明了两点：研究政治功能的学者有必要研究政党制度；在美国，政党已经逐渐获得了法律承认。因此，政党在我们的正式政府组织中已经占有了一席之地。

但政治功能并不只是与决定应该由谁来表达国家意志有关，它也与决定国家意志的表达方式有关。因此，可能的一种情况是，在个别国家，规定以特殊形式表达有关特殊事务的国家意志。通常的情况是以独特的方式表达有关政府形式的国家意志，这与表达有关政府日常事务的国家意志所采用的方式明显不同。表达关于政府形式的国家意志时所采用的方法一般具有一种特点，它要求被委托正式表达国家意志的个人或机构在行动上要更加谨慎。在表达有关个人基本权利的国家意志时，情况往往也是如此。因此，我们可以从美国制宪方式和立法方式上找到不同之处。对于前者，特定政府机构即制宪会议的活动以及民众整体的活动通常是必要的；而对于后者，只要有立法机关的活动就足够了。

在具体问题的处理上，负责执行国家意志的机关有权裁决立法机关是否遵守了宪法，此类机关因为行使这种权力而成为宪法机关，因此也属于政治机关。在美国，法院有权裁决立法机关通过的法律是否符合宪法规定。因此，法院有助于国家意志的表达，根据上述政治一词所表达的含义，法院属于负责执行政治功能的机关。

上文曾提到，政治的功能首先与表达国家意志有关，其次又与执行国家意志有关。因此，必须在国家意志的表达和执行之间，也就是在法律的制定和执行之间，实现协调统一。上文还提到，在民治政府中，表达国家意志或制定法律的机关必须对执行这种国家意志或法律的机关拥有某种控制权。最后，研究表明，这种必要的控制既可能存在于正式的政府体制中，也可能在这种体制之外，而存在于政党之内。

无论这种控制存在于政府体制的内部还是外部，都是十分必要的，这是因为，如果没有这种控制，就不可能存在有条不紊、不断进步的政府。因此，这种控制应该尽可能扩展，直至在国家意志的表达和执行之间产生上述十分必要的协调为止。然而，如果这种控制超出了这一限制，它会即刻失去存在理由。例如，有人可能会利用这种控制使某个政党组织永久存活下去，而不是将其作为一种实现特定目的的手段，即将国家特定意志的表达确定为实际的行为准则。如果这样利用控制，那么控制就只能沦为一种阻碍人们自由表达意愿的手段。如果这样利用政治对行政的必要控制，那就会在确保国家意志的表达问题上引入一个不真实也不自然的要素。这往往会使国家意志形式上的表达与实际的国家意志相违背。

因此，过于拓展这种必要控制实际上不利于实现控制的目的。不仅如此，正如稍后将要指出的，过分扩展这种控制往往会阻碍行政功能的高效执行。这是因为，在实施这种过分拓展的控制时，与其说行政功能的执行已经表达了国家意志，倒不如说其为了政党或社会阶级的利益而致力于影响未来国家意志的表达。

因此，为了确保国家意志的执行，政治应该对行政进行控制，但是，为了确保民治政府的利益和实现高效的行政，同时又不应该使这种控制超出必要的限制来实现其存在的合理目的。

然而，有权表达国家意志的国家机关往往还存在一种倾向，即利用对国家意志执行的控制权，对国家意志的表达产生不当影响。这种做法有时纯粹是出于对国家的热爱，但更多则是出于道德的沦丧和个人私欲。无论初衷是什么，结果都是一样的。法律的公正严明不复存在，执行法律的唯一目的或主要目的是直接或间接影响国家意志的表达，而这通常又是为了社会中某些特定阶级的利益。

这种有失公正、带有成见的执法行为造成了如此大的危害，以至于最进步的政治团体都感到不得不花大力气，以确保某些经授权执行国家法律的机构维持其独立性。例如，英国的情况就是如此，很早之前，英国就将政府体制建立在这一原则之上：除非获得不受制定行为准则（即国家意志的表达）的机关控制的那些机关的同意，否则不得执行任何行为准则。但是，我们绝不能将对英国政府体制构建原则的描述理解为，任何时候都不能改革强制执行法律的制度。它只是想说明一点，即强制执行或执行国家意志的机关应该独立于表达国家意志的机关，这项制度实际上是规定，在国家意志的表达成为一项实际行为准则前，必须得到执行机关的同意。

在英国公法的所有分支中，我们都可以看到这一原则的影响。就司法行政而言，这自然是最显著的特征，因为司法最需要公正无私，即在法庭上不考虑原告个体的利益，也几乎不考虑具体裁决对未来国家意志表达产生的影响。

英国最初的司法体制赋予了法院极其独立的地位。实际上，这要归因于最初英国法院具有的民治特征，英国法院不仅执行法律，而且也制定法律。然而，随着王权的不断发展，法官开始由国王任命。他们努力将法律问题的决定权（即国家意志的表达）掌握在自己手中，还试图降低陪审团（法院中保留下来的平民成分）的地位，希望他们能够根据法官制定的法律和发现的事实（即国家意志的执行）对案件做出裁决。虽经法官多方努力，但是陪审团仍然将宣布站在他们面前的犯人无罪开释的权力牢牢握在自己手中，他们做出的无罪开释判决不必接受任何法院或机构的审查。①

---

① 参看著名的"利尔伯恩中校案"（case of Lieutenant-Colonel Liburne）。利尔伯恩中校被议会放逐，后来因为他返回英国而被送上审判台。陪审团宣布他无罪，理由是，议会驱逐他的行为是违法的，因此，陪审团宣布，利尔伯恩无罪释放，尽管这一裁决与法官做出的判决相反，但这是根据法律和事实做出的判决（12 Harggrave's State Trials, 79, 80）。此外，请参考"佩恩和米德审判案"（Penn and Mead's Trials）（6 Howell's State Trials, 992）。在此案中，下议院的一个委员会报告说，首席大法官因为陪审员没有按照他的指示宣布一名犯人有罪，而对他们进行了罚款。首席大法官的这种行为是对陪审员的生命和自由的侵犯，首席大法官不仅独断专行，而且非法使用自己掌握的权力，这最终会危及英国人民的生命和自由，会促使独裁政府的出现。也请参考英国古老而著名的"布歇尔陪审案"（Bushell's case, Vaughan, 135—158）。在此案中，一名陪审员因为拒绝遵从法官的判决而遭拘捕，最终依据《人身保护法》获得释放。在美国同样如此。请参考 Wharton（5 Southern Law Review, 355, cited in note to 33 Amer. Rep. 791）和 Kane v. Commonwealth（89 Pa. St. 522; 33 Amer. Rep. 787）。在后一案件中，首席大法官舍伍德（Sharswood）说：人们坚决主张，尽管陪审团拥有一定的权力，但是他们并没有权利做出与法院根据法律下达的命令相反的判决。换句话说，陪审团的这种行为是违反他们的职责和他们的誓言的。无论权力和权利之间的区别在道德上的价值是什么，它们之间的区别在法律上的表现非常模糊，没有实质性规定。拥有法定权力的人就同时拥有法律权利。参看"佛蒙特州诉克劳蒂奥一案"（State v. Croteau, 23 Vermont, 14; 54 Amer. Dec. 90）中霍尔（Hall）法官的意见。在该案中，霍尔法官说："在宣判无罪释放的案件中，陪审团既有决定法律问题的权力，也有决定事实问题的权力，他们不必就他们做出的裁决向其他任何法庭负法律责任，这是得到普遍承认的。在我看来，这种权力等同于权利。"

抛开陪审制度不谈，英国法院从来没有在法律上独立于负责表达国家意志的议会。为了能够以任何可能的方式对议会的未来活动产生影响，并对法院的活动施加控制，公众并不承认这种做法的正当性。因此，虽然法院在法律上不独立，但在政治上却是独立的。

然而，在美国，我们已经采取措施使法官在法律上独立于立法机关了，只有法官受到弹劾时例外。法官对于立法机关背后的独立团体（即政党）具有某种独立性，所有试图剥夺法官这种独立性的行为必将受到广大民众的唾弃。

因此，我们可以说，讲英语的人已经得出结论：明确允许政治机构控制司法行政的做法是非常危险的，被授权执行国家意志的机关应被赋予极大的独立性，即便已表达的国家意志丧失了成为实际行为准则所具备的资格，那也在所不惜。

在英国，在国家意志的表达成为一项真正的行为准则之前，必须获得某些独立于国家意志表达机关的机关的同意，政府行政和司法工作都应用了这一规则。但是这一规则在地方政府体制中应用得最为显著，英国为此广受赞誉。

英国地方政府体制的特点是，授权执行法律的地方行政管理机关享有极大的独立性。正是由于这一体制，斯图亚特王朝才无法建立他们长期为之奋斗的专制政府体制。

斯图亚特王朝王位觊觎者的纪念浮雕,安东尼奥·卡诺瓦作品,位于罗马圣彼得大教堂大殿出口处。

此外,这种地方政府体制也被引入了美国。在美国,正如司法独立原则一样,这一体制在法律上获得了极大发展,其发展程度远远超过了在其诞生地所获得的发展。然而,由于采用了英国的地方政府体制以及权力分立原则,美国行政体制在法律上完全独立于被授权表达国家意志的机构,但实际上,它一直在政党的控制之下。其造成的结果就是,在美国,行政受到了政治的过多控制。这种控制使行政效率不断下降。此外,这种控制导致人们利用行政体制影响国家意志的表达,有时会造成国家意志形式上的表达与实际的国家意志不符。当政治机构对行政机构的控制超出了适当的限制时,必然会出现上述情况。

我们绝对不能把上述内容理解为,行政体制应该和法院一样,完全脱离政治控制。此类要求是绝对不能容许的。这是因为，法律（国家意志的表达）的执行在很大程度上取决于行政机关的主动性。为了使这些机关能够主动工作，它们应该受到政治的控制。法院并不属于这种情况，法院的工作只是将法律适用于个人。

然而，政治对政府行政的控制也不应该超出适当的限制，这是毋庸置疑的。如果这种控制超出了适当的限制，那将对行政在执行国家意志时的普遍效率以及人们表达这种意志的能力造成灾难性影响。

我们可以防止政治对政府行政控制的不适当扩展，事实上，通过承认行政机关和司法机关同样享有一定的独立性，我们已经做到了这一点。此外，培养健全的公共舆论也可以防止这种控制的不适当扩展。正如前面所指出的，无论是在英国还是在美国，这都是对司法机关的极大保护。进而言之，只有司法机关和行政机关能够得到这种保护，才能应对某些机构（如政党）施加的影响，这些机构在正式政府体制中的地位并不明确，但它们在政府之外的政治体制中却占有极为重要的地位。

因此，我们通过对政治功能进行分析可以得出以下结论：政治功能与国家意志的表达和执行都有关——前者居于主要地位，后者居于次要地位。此外，政治的这种功能又包括了制宪、立法、政府官员选举以及对国家意志执行功能的控制。政治功能如此复杂，以至于任何一个或任何一套政府机关都无法全权负责。

一方面，我们可以概括地说，只要政治功能的职责是制定和修正宪法，那么政治功能就由制宪会议行使，但另一方面我们必须谨记：解释宪法的机关同样可以执行政治功能。在美国的政府体制中，这个机关通常就是司法机关。

除上述说法外，我们还可以说，只要政治功能的实施存在于立法之中，那么政治功能就由立法机关负责执行。但我们必须谨记：执行机关也有权颁布条例，而且在很多情况下，地方政府同样享有颁布条例的权力。这种权力的实施导致了政令的出现，政令与法规之间存在的差异是很难区分的。此外，法院通过其拥有的司法裁决权也经常制定法律。

最后，我们必须谨记：制宪会议的活动、较低层次的法院活动、立法机关的活动、执行机关以及地方机关的活动，都可能而且经常受到政府之外的团体即政党的控制，因此，即使政党组织和政党活动不会控制政治功能的行使，也会对其产生重要影响。

第三章　中央政治和地方政治

经典名句

◆ 如果将国家意志的实际执行委托给不受国家有效控制的地方政治共同体，那么此类地方政治共同体可以通过享有的执行权、实有的拒绝执行权或修正权，改变由代表整个国家的机构所表达的国家意志，从而适应被认为是地方政治共同体的需要。

◆ 立法是集权化的，而立法的执行则是分权化或地方化的。

◆ 为了实现地方和州之间的协调，我们需要做的是，授予地方比它们当前更多的立法权，并将其作为州的一个机构置于中央政府的控制之下。

纽约旗

所有国家①或多或少都是建立在联邦理念基础之上的，也就是说，所有的国家都是由地方政治共同体组成的。在很多情况下，这些地方政治共同体有自己的需要，这与作为一个整体的国家的需要是不同的。进而言之，无论规模大小，所有国家都必须划分为若干只处理国家事务的行政区。一般来说，选择地方政治共同体作为行政区，即使不是为了实现国家政府的所有目的，也是为了实现其某些特定目的。因此，在美国一些古老的地区，自然发展起来的城镇并不仅仅是一个地方自治体，在许多情况下，城镇拥有的财产和背负的债务与全州拥有的财产和背负的债务是相分离的，而且双方截然不同。此外，它还是国家政府为了将其作为司法行政以及实现税收稽征的目的而设立的行政区。大多数

---

① 在本章中，"state"一词有两个意思：美国各州或国家。作者在本章中强调的是中央和地方的关系，但是，根据美国联邦制的原则，州不是由联邦划分的次级行政单位，而是组成联邦的成员单位或成员政府，只有州以下的行政单位才被称为地方和地方政府，它们是州的分治区即行政区划单位，所以当文中提到美国的中央和地方的关系时，是指州与县、市、镇和特别区等地方行政单位的关系。而提到其他国家中央和地方之间的关系时，比如法国、德国和英国，则指国家与地方之间的关系。因此，在提到美国时翻译为"州"；提到其它国家时翻译为"国家"，而在整体阐述概括理论时酌情翻译为"国家"或"州"。——译者

城市，尤其是规模较大的城市，都是因为上述原因而得以存在的。他们不仅是地方政治共同体，还是国家的行政区。

在处理自己的事务时，这样一个地方政治共同体可以说是一个国家的缩影。也就是说，和国家一样，这个地方共同体有需要表达和执行的意志。如果有可能划分出地方政治共同体的活动范围和国家的活动范围，那么双方可能会不顾彼此地表达和执行各自的意志。但是此类界限是不可能划分出来的。国家和地方政治共同体必有一方占据最高地位。也就是说，当就某一问题到底是处在地方政治共同体的管辖范围内还是在国家的管辖范围内产生争执时，这一争执最终将由国家或地方政治共同体做出判决。如果拥有决定权的是前者，政府就很可能因为在解决所有争执时做出有利于自身利益的决定而成为一个高度集权的政府。如果拥有决定权的是地方政治共同体，国家就会因为地方政治共同体做出有利于自身利益的裁决而面临解体。

凡是采用成文宪法并由法院做出解释的地方，就会尝试利用这一手段划分国家和地方政治共同体各自拥有的权限。毫无疑问，很多好的意愿就是源于这一尝试，但我们必须记住：解释宪法的法院必须是国家法院或地方法院，而这些法院的裁决将会受自身的地位这一事实和流行政治思想的影响。这是因为，就其特征而言，这些问题实际上是政治问题，而不是法律问题。而且在很多情况下，在不受到成文宪法干预时，公共舆论可以很好地防止过度集权，也可以抑制能够导致国家走向解体的明显趋向。

不仅如此，本身就是公共舆论产物的行政体制也会对这一问题产生重要影响。在政府组织中，行政体制是与执行国家意志有主要关系的那个部分。如前所述，如果表达国家意志的机关无法控制国家意志的执行，那么任何国家意志的表达都只能是空谈。就国家意志的表达而言，政府理论可能承认地方政治共同体在此问题上应该从属于国家。然而，行政体制的安排方式可能使实际运作与理论规定大相径庭。国家意志的表达可以委托给中央政府的一个机构执行。然而，如果将国家意志的实际执行委托给不受国家有效控制的地方政治共同体，那么此类地方政治共同体可以通过享有的执行权、实有的拒绝执行权或修正权，改变由代表整个国家的机构所表达的国家意志，从而适应被认为是地方政治共同体的需要。

真实情况就是如此，立法是集权化的，而立法的执行则是分权化或地方化的。这就是我们习惯上称为"地方自治"的最重要的特征。正如我们在采用这种方法的国家中看到的，比如在英国以及美国的各州中，这种行政方法确立的前提在于：国家对其所有组成部分，即地方政治共同体，拥有绝对统治权。国家可能并没有承认，在很多情况下确实也没有承认由地方政治共同体表达的地方意志。国家管理地方政治共同体拥有的权力可以说是无孔不入，以至于地方政治共同体几乎没有实施自由裁量权的机会。

然而，国家也确实授予了地方政治共同体一种最重要的权力，即在不受国家有效控制的情况下实际执行国家法律的权力。

采用这种地方自治制度的结果是，在国家法律不受欢迎的某些政治共同体中，国家法律通常无法贯彻执行，或经修改后才予以实施，而作为一种行为准则，经过修改后，法律还是这部法律，但在全国各地却相差悬殊。因此，在1850年，纽约州通过了一项法律，规定每个城镇必须成立一个卫生局。然而，法律颁布三十多年来，收效甚微，只有极少数的城镇成立了卫生局，直到1880年设立了有权强制执行此项法律的州卫生局后，此项法律才得以贯彻实施。①

可以肯定的一点是，这种调节国家和地方政治共同体关系的方法是不合逻辑的。虽然只是间接规定，但毫无疑问，地方政治共同体可以在没有危及理论上的国家主权，也不试图解决国家和地方活动范围界限划分这一难题的情况下，就某些对自身而言非常重要的事务表达地方意志。与此同时，在国家意志受到地方意志反对的地区，国家意志不可能得到贯彻执行，因此，在那些抱有统一目的和要求活动协调一致的国家中，这种遭到地方意志反对的国家意志不得不被遗弃。

与以上描述的地方自治相对立的是行政集权。不仅地方自治

---

① Fairlie, "The Centralization of Administration in New York," *Columbia University Series in History*, etc., Vol. IX, No. 3, pp. 124—133.

常常伴随着相当程度的立法分权，行政集权往往也伴随着相当程度的立法分权。也就是说，从行政的观点来说，在国家意志完全或主要由中央国家机关表达的地方，意志的执行主要委托给了地方政治共同体；在中央政府掌握国家意志执行权的地方，并不鲜见的是，地方政治共同体拥有很大的地方意志表达权，而且这种权力不受国家控制。

因此，与我们在美国看到的地方自治相反的是，我们在欧洲大陆看到的行政集权更加清楚地区分了地方的活动范围，赋予了地方政治共同体更多表达地方意志的权力，而在执行国家意志方面则保留了更大的权力。在行政集权体制下，地方政治共同体很少会承担执行国家法律的任务，但也存在这种可能性。地方政治共同体有自己的活动范围和表达自身意志的机关；国家也有自己集中任命和集中控制的行政体制。

然而，进而言之，在地方自治体制下，对地方政治共同体实施集中控制的是立法机关，因为立法机关通常不会为地方政治共同体预留任何表达地方意志的权力，以期通过这种方式限定其权限；在行政集权体制下，对地方政治共同体施加集中控制的不仅是立法机关，还包括受托执行最重要的行政功能的机关，也就是主要的执行机关。

最后，在大多数情况下，行政集权的特征是，中央任命的官员手握执行政策的权力，而根据法律规定，这些政策显然是地方性的，这是大家所公认的。因此，在行政集权的发源地法国，由最高行政官任命的省长以及在省长控制下的市长分别是最为重要的地方政治共同体、行政区和独立自治体的最高行政官员,也就是执行地方意志的官员。在地方自治体制下,由地方选举并受地方辖制的官员执行的是国家法律。在行政集权体制下,由中央选举或受中央辖制的官员通常负责执行地方性政策。

在地方自治行政体制下,地方实际掌握着执行或拒绝执行国家意志的权力,这在一定程度上弥补了在理论上没有获得承认的地方意志。在我们了解的行政集权体制下,从理论上对地方意志的承认往往会被抵消,因为真正执行地方意志的官员受中央的辖制。当国家和地方政治共同体产生冲突时,地方自治往往会牺牲国家利益,因为地方自治使得国家意志,即使不是完全不可能,也会变得难以执行。行政集权会牺牲地方政治共同体的利益,因为它没有为地方机构执行地方意志做充分准备。因此,这两种体制都没有在国家和地方政治共同体之间创造一种协调一致的关系,而两者间的协调对于高效和谐的政府是至关重要的。

由此,一方面,在人们认为执行国家意志绝对必要的地方,为了建立执行国家意志的行政集权体制,那些几乎完全采用了地方自治体制的国家倾向于摒弃这一地方自治体制。另一方面,当由地方负责地方意志的表达和执行被认为是明智之举,以及它们不会危害国家大一统的情况下,已经采用了行政集权体制的国家往往会承认地方政治共同体拥有的巨大权力。

地方自治的发源地是英国,它在上个世纪一直在快速集中着其行政体制。地方自治在美国各州得到了最大发展,它们在最近五十年内一直在朝着同一个方向发展。① 美国正在逐步明晰各州政府活动的范围。美国各州也一直在构建完全受联邦中央政府控制的行政体制,因为文明开化的现代生活日趋复杂和多样化,从而有必要成立新的行政部门。

在允许地方政治共同体执行国家法律方面,一直以来,英国和美国各州或多或少会将其置于国家或州行政机关的控制之下。英国将对地方政治共同体的监督权交给了地方政府委员会、教育部和财政部。美国则将类似权力交给了州公立学校的督学或类似官员以及公共卫生局、慈善事业管理局和税收平衡委员会。

因此,虽然英国和美国各州为了高效执行国家意志一直在集中其行政体制,但是在行政体制以前就高度集中的法国和德国,为了分散其行政体制,这两个国家成立了拥有很大的地方活动权力以及具有自己选择官员权力的地方自治机关,并希望借此举能够确保地方政治共同体对地方意志的表达和执行。②

因此,美国和欧洲都试图将地方意志与国家意志区分开来,并确保地方政治共同体的意志得到表达和执行,但从诸多方面来看,较之美国,欧洲取得了更大的成功。就积极表达地方意志而

---

① Maltbie, "English Local Government of To-day," *Col. Univ. Pub.* Vol. IX, No. 1. Fairlie, *op. cit.* Whitten, "Public Administration in Massachusetts," *Col. Univ. Pub.* Vol. VIII, No. 4.

② Goodnow, *Comparative Administrative Law*, I, 271, 300, and authorities cited.

言,确实如此。人们认为,这种成功归功于以下原因:

如前所述,最初的英美地方自治体制建立的理论基础是,国家意志——任何地方意志都得不到认可——应该由国家表达,而很少由地方机关表达,但是这种意志一经表达就由地方机关去执行。因此,地方政治共同体可以选拔那些拒绝执行国家意志的官员来行使某种否决权。

然而,地方政治共同体无法借助于他们拥有的拒绝执行权采取任何积极行动。因为国家立法已经列出了其行动权力的范围。如果它们希望获得更多的权力,那么必须向立法机关提出申请。我们在前面已经指出,行政集权在上个世纪一直发展,现在正慢慢减退,为了确保与国家整体利益有关的国家意志得到执行,虽然行政集权做了大量工作,但并没有通过任何方式扩大地方政治共同体在表达地方意志方面的权力。

诚然,美国努力限制立法机关对地方政治共同体拥有的控制权,以此确保更大程度的地方自治。美国各州的宪法中都加入了很多此类规定。然而,其中一些规定,诸如确保地方有权选拔自己官员的规定,在那些官员仅仅拥有执行权的地方,往往只是强调行政体制的地方自治特征,这些特征我们已经在上文中描述过。其他一些规定,诸如明确禁止立法机关参与地方政治共同体之纯粹地方性事务的规定,确实将此类事务的决定权留给了地方政治共同体,这是不言而喻的。

但是,在确保地方政治共同体表达地方意志方面,这种特殊立法禁令却是无效的。究其原因，有以下两点：

首先，要想适当顾及州的整体利益，地方政治共同体就无法完全脱离州的控制。如果完全脱离州的控制，那么随之而来的就是州的解体。如果立法控制是州对地方自治行政体制施加的唯一控制，在解除这一控制的同时又没有规定其他控制手段，那么地方政治共同体将完全摆脱州的控制。立法机关和法院都感到了这种想法带来的压力。因此，立法机关通常会拒绝放弃详细列举地方政治共同体拥有的权力范围的习惯，而只是通过了在形式上适用于多个地方政治共同体的一般性法规。

但是在这种明确列出地方权力的体制下，适用于其他类似地区的一般性法规无法管理其他地方政治共同体。为了某些特定地区的利益而对这些称之为一般法规的规定进行修改和修订，会给立法机关带来一定的压力，这与通过有关禁止特殊立法的宪法规定之前的压力一样大。在这种压力面前，立法机关已经做出了让步。立法机关采用地方分类的方法来缓解这种压力。在很多情况下，这种分类法的实际运用是非常细致的，以至于在一个级别中只有一个地方政治共同体。①

当要求法院裁决此类行动的合宪性时，法院认为他们有义务支持这种行动，因为他们承认，如果没有此类行动，地方发展就

---

① See Wilcox, "Municipal Government in Michigan and Ohio," *Columbia College Series of Studies in History, Economics, and Public Law*, Vol. V, p. 72, et. seq.; Goodnow, *Municipal Problems*, p. 41.

无从谈起。① 我们或许可以在以下事实中找到法院采用这一观点的另外一个原因，即在禁止特殊立法问题上，他们将很多诸如警察和司法行政等事务归为"地方事务"，而在法律的其他分支中，这些事务被认为是州事务而非地方事务。② 基于历史方面的考虑，他们做出了上述决定。从历史的角度看，此类事务是地方性的，这是因为，就这些事务的执行而言，自古以来，它们就是由地方政治共同体处理的。既然如此，禁止就地方事务特殊立法的宪法条款所做的严格解释，实际上会破坏州对这些事务的完全控制，而这些事务是绝对需要州控制的。

由于深信禁止特殊立法的宪法规定无法有效确保地方政治共同体表达和执行地方意志，一些州不仅试图禁止针对地方事务的特殊立法，还从立法机关处取得了不受州控制的管理地方事务的权利，并将这些权利授予了自身权利长期受到立法机关侵犯的地区（即规模较大的城市）。1875 年，密苏里州实施了这种措施。1875 年通过的州宪法（第 9 款）规定，规模较大的城市可以制定适用于本州地方政府的宪章，州立法机关不得通过任何方式修改宪章或干预宪章的制定。③ 加利福尼亚州随之效仿，但是该州允许立法机关对一般性法律进行修正。加利福尼亚州的这种做法并没有获得成功，与先前采用的禁止特殊立法这一规定取得的效果

---

① See Wheeler *v.* Pennsylvania, 77 Pensylvania State 332.
② Goodnow, *Municipal Home Rule*, p. 77.
③ St. Louis *v.* Dorr, I45 Mo. 466; 68 Amer. State Reports 575.

是一样失败的。由此该州在 1896 年对宪法进行了修改,实际上修改后的宪法与密苏里州通过的宪法一样。① 类似条款也可以在华盛顿州和明尼苏达州的宪法里找到。

  与美国各州采取的其他任何方法相比,这种确保地方政治共同体表达和执行地方意志的方法更为成功。然而,当要求密苏里州的法院将宪章的含义解释为"地方事务"时,与他们先前裁决哪些事务属于特殊立法禁止的地方事务相比,法院给出了较为狭义的解释。② 然而,在需要对什么是特殊立法做出裁决的情况下,法院不得不考虑整个州的利益,他们不愿意采纳使地方在关乎州利益的事务方面完全脱离州的控制,以至于导致州解体的观点。

  试图确保地方政府表达和执行地方意志的宪法条款并没有取得预期成功,其第二个原因可以在美国流行的政党体制中找到。根据稍后将要指出的原因,我们可以看出,这种体制树大根深,难以撼动。建立这种政党体制主要是为了处理联邦政治和州政治,也就是为了促进作为整体的联邦意志和州意志的表达和执行。之所以如此,那是因为,要求我们作为一个民族去解决的重大政治问题,一般都是联邦层面的问题和州一级的问题。因此,身负解决重要联邦问题和州问题这一重担的联邦政党和州政党,为了维护他们认为的联邦利益和州利益,会不惜牺牲地方政治共

---

  ① See Moffett, "Referendum in the United States," *Political Science Quarterly*, March, 1898.
  ② See Article by F. W. Dewart on "The Municipal Condition of St. Louis" in *Louisville Conference for Good City Government*, p. 220.

同体的利益。为了联邦和州的利益,他们不仅会利用立法机关对地方拥有的控制权,还会在地方选举之际强调联邦问题和州问题的重要性,从而将试图引起人们关注地方政治共同体利益和权利的个人呼声淹没在他们的大声疾呼声中。

在很多情况下,政党这样做无疑是正确的。他们之所以正确,是因为在我们的分权行政体制下,我们的地方自治机构几乎都是州政府的重要机构,它们手中掌握着不受州法律控制的执行权。为了解决对整个州的福利产生影响的问题而成立的州政党,他们为了自身利益必然会关心地方政治。例如,禁酒党成功地在法规汇编中添加了一条禁止售酒的法规,而城市政府则掌握着对强制执行此类禁酒法的治安管理,如果禁酒党没有努力对那些不受州有效控制的城市政府施加控制,那么他们就没有尽到应尽的

禁酒党

职责。现在，如果我们对法律强加给地方政治共同体的职责进行分析，我们将会得出，其中一些我们习惯上认为是地方职责的责任并不完全是地方性的，相反，在很大程度上它们代表的是整个州的利益。因此，在很多情况下，忙于处理地方政治的州政党只是在执行属于他们权力范围之内的一种功能。州政党干预地方政治共同体的管理是正确的，这是因为，在以前，联邦政治问题和州政治问题比地方政治问题更为重要。因此，为了州和联邦更为重要的利益而牺牲地方利益的行为是正确的，也是恰当的。

但是随着近来城市生活的蓬勃发展，地方问题，特别是市政问题比以往任何时刻都更为重要，毫无疑问，这将引起公众注意。人们要求市政府不受任何党派管理的呼声日益频繁和急迫，这说明地方问题已经引起了公众注意。联邦和州的政党不得不体恤民情。仅仅是投票这一项优势，城市居民就足以迫使这些政党在他们的地方组织中制定地方政策，或迫使他们退出地方政治，让位于城市政党。在考虑地方政策时，应该使它们摆脱与州和联邦的关系。地方政策将为地方政治共同体表达和执行地方意志提供机会。在美国，如果对州和地方之间的法律关系进行某些修正，那么我们就没有理由认为，在意志的表达和执行方面，区分地方意志和州意志的问题无法得到解决。

在确保地方意志与州意志区分的问题上，美国相对来说是失败的，我们可以从美国详细列举地方政治共同体享有权力范围的立法习惯、政党在地方作为州政府的一个机构占有的地位以及政府体制赋予政党的地位中找到原因。英国和欧洲的经验证实了这一点。

与美国相比，欧洲大陆的立法机关并没有这么重要，而行政机关则更为重要。与其说欧洲大陆的立法机关是一个将提案变为法律的机关，不如说是一个否决、修改或批准由执行机关所提交的提案的机关。进一步说，与美国立法机关通过的法律相比，欧洲大陆通过的法律不够详细，而且只是更为普遍的原则。因此，适用于地方政治共同体的法律自然不会列举地方拥有的权力范围，而是在授予一般权力后，允许各地区以适应地区情况的方式实施这些权力。因此，这些法律规定是一般性的，这并不只是因为它们适用于同一级别的所有地区——即适用于与我们的县和城镇类似的所有城市和所有地区——还因为授予了此类地区一般性而非具体化的地方政府权力。

这种决定地方权限的方法本身就使地方政治共同体拥有了广泛的地方权力。此类政治共同体没有必要不断地要求立法机关赋予他们新的权力，因此也就不会使地方意志的表达受制于表达整个国家意志的机关。地方拥有的广泛权力并不是以牺牲整个国家的利益为代价的，国家行政机构根据行政集权原则对地方政治共同体的行动施加的控制可以保证这一点。

进而言之，这些地方政治共同体并不像在美国一样被普遍地授予独立执行普通法律的权力。欧洲大陆的政党并不具有与美国政党相同的权力，在牺牲地方政治共同体的利益方面，欧洲的政党既没有像美国这样的机会，也没有这样的吸引力。他们没有这样的机会是因为特别立法的缺失以及政党自身存在的缺陷。他们没有这样的吸引力是因为，为了促进国家与地方之间的协调，他们只需选举国家立法机关的成员就可以了，无需做其他努力。在欧洲，立法机关控制着执行机关，而执行机关又依据普通法的规定控制着地方政治共同体。因此，政党不会因为受到诱惑就利用立法机关对地方的控制权来谋取自身的利益；地方行政官员的政治观点也不像美国行政官员的观点那样重要。因此，在欧洲大陆，不像在美国这样会为了整个州的利益而牺牲地方政治共同体的利益。

在一些限制条件下，上述关于欧洲大陆的情况同样适用于英国。我们应该记住，英国从来没有建立与美国同等程度的地方自治。进而言之，就在它开始显露出在现代文明复杂条件下必然会出现的邪恶倾向时，这种地方自治体制在某种程度上已经被修改了，因此采用了欧洲大陆行政集权的一些原则。从地方行政的角度来看，这些事实使得英国的立法机关不如美国的那样重要。本世纪，行政集权体制一直持续发展，这对在具体实践中将地方政治共同体从先前国会的控制中解放出来，并将它们置于中央政府机构的控制之下产生了影响。

为确保国家意志执行而进行必要的行政集权，同时也会伴随着立法分权，如果没有立法分权，地方意志的表达就无从谈起。

正式政府体制的安排不仅允许划分地方意志，还允许地方政治共同体从全国性政党的专政统治下解放出来。尽管这些全国性政党的组织实力大大增强，只有美国的政党还可以赶超它们，但是全国性政党对地方政治共同体产生的影响已经大不如从前。这是因为，对地方施加的控制已经不再是立法控制，而变为行政控制了。此外，作为一个普通法律的独立执行机构，地方政治共同体的作用已经不再那么重要了。因此，在执行它们建立之初规定执行的功能时，全国性政党没有必要和美国的政党一样热切地关注地方政治。国家和地方之间的必要协调是可以在政府体制中获得的，而没有必要到政府体制之外的政党中去寻找这种协调。因此，在以前，全国性政党为了维护自身利益而控制地方政治，并牺牲地方利益，而如今，全国性政党既不具备与先前相同的机会，也没有了与先前相同的意愿。

我们应该记住，欧洲虽未通过一项禁止立法机关活动的宪法条款，但却区分开了地方意志和国家意志。这是开明舆论产生的结果，公共舆论一直坚持在国家和地方之间建立起适当的关系。我们还应该记住，这些关系的确立，一方面得益于通过规定行政集权体制承认了国家权力，另一方面得益于通过将它们从立法机关的统治下，也就是间接地从全国政党的专制统治下解放出来的做法承认了地方权力。

就国家和地方之间的关系而言，这种令人满意的解决方案从来没有遭遇耻辱性失败，而美国民众却见证过这种失败，他们试图通过宪法来限制已经失去了人们普遍信任的立法机关的权力。

当然，在美国，针对一些事务制定的立法规则完全是失败的，这是事实，几乎所有人都认为是立法机关的责任，但是美国的立法机关是否应该就此承担这一指责，人们对这一问题提出了质疑。或许，试图将沉重的工作负担抛给立法机关的政府体制在很大程度上是由当前的状况造成的，但这一政府体制是建立在美国立法机关基础之上的。也有可能，所有限制立法机关对地方实行控制的努力都无法取得预期成功，地方没有清楚地认识到，对州的控制必须由州的某个机关实施。为了实现地方和州之间的协调，我们需要做的是，授予地方比它们当前更多的立法权，并将其作为州的一个机构置于中央政府的控制之下。我们在前面已经讲过实现这一点的方式。现在我们已经开始着手实施，随着时间的流逝，我们前进的步伐会不断加快。

第四章　行政的功能

经典名句

◆ 执行国家意志的功能称为行政。

◆ 为了确保国家意志的表达或执行，必须建立、维持并发展一个错综复杂的政府组织；必须选举出立法者，选定法官，为执行上述准司法职责、为执行政府承担的统计工作和其他类似工作以及为直接执行国家意志配备一整套官员班子。

◆ 为了使国家意志的执行符合国家意志的表达，也就是为了使政治功能和行政功能协调一致，政府体制中的政治机构必须控制行政机关。但是，这种控制也有一定的限制，政治机构不能超出这些限制行使这种控制。

白宫

执行国家意志的功能称为行政。如前所述，如果希望已经表达的国家意志得到执行，并成为一种实际的行为准则，那么这种功能就必须处于政治的控制之下。然而，这种控制不应该超出确保国家意志得到执行的必要限度。如果超出了这一限度，那么不受约束的真实国家意志的表达往往会变得困难，该意志的执行效率也会变得低下。为了判定这种必要控制的准确限度，对行政功能进行分析是绝对必要的。

　　我们通过分析发现，行政要么是司法行政，要么就是政府行政。任何立法机关或立法机构都无法将有关人类行为问题的国家意志表达得非常清楚，所以国家意志所传达的含义就会不可避免地产生争议。这种必然出现的争议必须在执行国家意志之前解决。为了方便和稳妥起见，我们认为，国家意志应该由或多或少独立于立法机关的某一机关解释。人们通常将此类非立法性机关的活动称为司法行政，被委托执行这一行政分支功能的机关通常被称为司法机关。

　　司法以外的行政功能被称为政府行政。政府行政同样是可以加以区别的。如果对此进行分析就会发现，政府行政由几个要素构成。处于司法行政和政府行政之间边界上的是一项次要的行政功能。根据一些政府体制的规定，这项功能被委托给了主要负责司法行政的官员。在其他体制中，这项功能由人们认为具有行政特点的官员来执行。就政府活动的这一分支而言，目前还无法界定一个很好的通用名称。此项功能的特点可以通过具体实例和对此进行概括描述的几个词语来加以说明。

负责制定法律的国家机关通过的一些法律具有一个特点，它们只是表达了作为一般行为准则的国家意志。从道理上来讲，它们没有也不能将国家的意志表达得如此详细，以至于使国家意志可以在没有政府进一步行动的情况下也能执行。进一步的政府行动往往是将具体的个人或具体的事例纳入到一般法规会对其产生影响的类别。因此，除非将具体事例纳入受法律影响的一般类别，否则国家意志就无从执行。

例如，法律可以规定，某类人应该就某些特定种类的财产缴税，具体税额应该根据此类财产的数量而定。为了使国家就某人的一笔财产应缴纳多少税的意志得到表达，必须确定三件事：这个人是否属于应缴税的那一类人；他是否拥有规定的那一类财产；财产的数额是多少。

此外，法律还可以规定，某类建筑物应该按指定的方式施工。为了确保法律条款得到贯彻执行，法律可以规定，在施工之前，所有建筑规划都应获得某个政府机构的批准。

在上述两种情况中，为了使这些具体事例能够纳入到一般规则的作用之下，政府机构必须采取行动。就这种情况而言，政府功能的执行与司法行政的执行之间存在很多相似之处。在一些情况下，这件事可能会由人们认为明显具有司法性质的机关处理，而在另外一些情况下，由明确的司法机关来处理是否恰当却并不明显。实际上，在大多数情况下，只对与个人权利有关的诉讼进行判决的司法机关并不适合处理这些事务。

由于履行这些职责需要具备相当多的技术知识，因此司法机关并不适合履行这些职责。为了课税，需要准确确定财产的价值，这就需要估价员拥有财产价值方面的丰富知识。建筑规划的审批工作可以由熟悉建筑流程的人负责。因此，通常来说，这些事务并不会归为司法行政的一部分，而会归为政府行政的一部分。

进而言之，如果没有政府机关的这些重要行动，那么任何政府官员的选举都无法进行。如果希望选举出来的官员能够代表广大民众——换句话说，如果希望政府是民治政府，那么政府机关的行动必须公正无私，不抱任何成见。因此，负责选举的官员进行的活动同样具有准司法性质。

最后，为了使政府的日常工作能够顺利进行，政府组织必须掌握大量可供使用的信息和各种知识。这些信息不仅可以供政府使用，而且还可以供私人学者使用。在很多情况下，这些信息必须由某一合理的常设性政府机关掌握，因为大部分此类信息是经过长时间观察才获得的。如果希望得到真实信息的话，获取这种信息的政府机关必须做到绝对公正无私，尽可能地不抱有任何偏见。因此，他们的工作类似于前面已经描述的准司法性质的工作。

政府行政的第二部分功能仅体现在执行已表达的国家意志方面——执行法律。如果已表达的国家意志相当于实际的行为准则，那么不可否认，必须要对它予以执行。在执行之前，司法机关和已经提及的准司法机构有必要采取行动。但在采取了所有必要行动之后，国家意志就不得不被予以执行了。如果违反了国家意志，那么违反者必须得到惩罚，并尽可能恢复到此类违反现象发生之前的状况。

说到底，为了确保国家意志的表达或执行，必须建立、维持并发展一个错综复杂的政府组织；必须选举出立法者，选定法官，为执行上述准司法职责、为执行政府承担的统计工作和其他类似工作以及为直接执行国家意志配备一整套官员班子。在民治政府中，这支庞大官员队伍和政府机关的建立、维持和发展，应该以确保广大民众意志得到最大程度自由表达以及确保表达后能够得到最高效执行为出发点。①

经过对行政功能加以分析后，我们就可以回答本章开头提出的问题了：为了执行已表达的国家意志，行政功能的哪些部分应该置于政治功能的控制之下呢？我们已经指出，司法行政应该脱离这种控制，并且已经脱离了这种控制。现在需要考虑的是执行法律的功能以及建立、维持和发展政府组织的功能，如果可以这样称呼的话，我们可以将执行法律的功能称为行政功能、准司法的功能、统计和半科学的功能。

就执行功能而言，正如我们说的那样，有必要将其置于最终被委托表达国家意志的机构的控制之下，这是毋庸置疑的。如果制定法律的机构和执行法律的机构之间不存在隶属关系，又或者从政府关系上来说，如果立法机关和执行机关是相互独立的，又没有在政府体制之外制定任何能够使立法和执法协调一致的条款，那么这种情况就可想而知了，在这种情况下，为执行法

---

① 因此，在其富有价值和启示意义的《行政法》一书中，帕萨达（Posada）将每个国家都具有的这种建立、维持和发展政府组织的职责称为"行政功能"。然而，在对政府功能的分析中，帕萨达是从行为动机的出发点而不是从功能活动的出发点着手研究的。他认为，由于为自身筹备一个高效的组织是国家的首要任务之一，所以无论是由政府中的哪个机关负责，这种组织的实际准备工作都不应受到政治因素的影响。当然，立法机关和所有其他政府机关应该在不考虑其决定可能对任何一个政党的命运产生的影响的前提下，决定政府组织问题。同样毫无疑问的是，特定类型政府组织的形成是政策问题，因此，组织政党通常是为了帮助政府解决这个问题。

虽然帕萨达给出的行政功能定义认识到了行政不能受到政治的过多控制，这一点是非常有价值的，但是他对这一功能涉及的范围并没有一个充分的认识。他所作的定义忽视了大量的准司法性质的、科学和半商业性质的工作，而人们认为这些工作是非常重要的。

律而设立的机关可能会找这样或那样的借口拒绝执行法律。因此，执行功能应该服从政治功能，这是必然的。

然而，在政治功能和政府行政的其他分支之间并不存在这种紧密关系。任何政治性控制都不能使行政官员更好地履行其准司法职责，正如这种控制也不能使法官做出更好的判决一样。①

对于被委托获取事实和收集信息的机构而言，政治机构对其施加的任何控制，都无法使其获取更多的事实和收集更准确的信息。尽管程度可能有所不同，但对选民选举官员之前的必要准备活动而言，情况同样如此。在这些情况中，官员应该拥有一定的自由裁量权，因为这并不只是要求官员去完成一件具体的事，而是要求他们做出判断。

---

① 就行政机关的这些准司法功能而言，我们可以说，正如法院判决所体现的一样，英美法律一直将它们与公认的法院司法功能放在同等的地位来对待。正如"威尔逊诉德尼奥市长案"（Wilson v. The Mayor, I Denio, 595, 599）判决的那样，"从严格意义上来说，尽管政府官员可能并不是法官，但是如果他拥有的权力是可以自由裁量的，并且能够以他自己认为恰当的方式行使或保留这些权力，那么他们拥有的权力就具有司法性质，对于在对他产生影响的动机下采取的行动和执行此类职责的方式所造成的后果，他不必承担任何责任。"事实上，这一规则是英国制定的，当时大部分此类职责由那些被视为构成司法体制的机关（也就是治安法官）负责执行。然而，在很久之前的美国，此类职责一般并不是由被视为构成司法体制的机关负责执行的，并且还存在限制制定上述规则的倾向，尽管这些职责具有准司法性质，但是允许官员不让法院对那些不守信用和欺骗行为的目的负责。因此，在"派克诉梅冈案"（Pike v. Megoun 44 Mo. 491）中，选举时负责登记的官员因为阻止合格选民将名字登记在选民清单上，所以登记官员要为自己的这种错误行为负责。另外一个案例是法院利用执行令纠正学校委员会恣意滥用自由裁量权的行为，有人指控这个学校委员会委员的选举纯粹是为了党派利益，由来自同一政党的法官和书记员组织了这次选举（State v. Board, 134 Mo. 296, 56 Amer. St. Rep. 503）。这一趋势表明了对以下原则的承认，即这种准司法功能必须绝对公正无私，并不受政治控制。

法院可以行使美国政府体制赋予他们对官员行为进行控制的权力，正是因为这些事情产生的压力，才使法院被迫承认了这种差别。尽管法院有可能比立法机关更有效地实施这种控制，但是他们自愿将自己的司法权限制在行政行为上，而拒绝对自由裁量的行为施加控制。上述说法唯一可能的例外是，法院会确认这种自由裁量权并未被严重滥用。这是立法机关或类似政治机构可以对这一行政分支的执行施加控制的唯一一个地方。立法机关或任何政治机构可以做的一切，就是通过实施这种控制，确保负责执行这些行政功能的人们保持高效的工作效率和公正无私的态度。应该受到控制的是他们的一般行为，而不是他们的具体行动。

政治机构不仅应该，而且可能已经控制了行政机关，从道理上来说，如果负责执行行政功能的机关不具有明显的行政性，那么这种控制就不能施加于这种行政机关；如果试图超越保证行政完整性的尝试而施加这种控制，很可能会产生不幸的后果而不是好的结果。如果政治和行政性工作之间存在紧密联系，而且这种行政工作是调查事实和收集信息，那么这种联系会玷污事实真相的来源，因为它会使调查者产生偏见。如果委托官员执行准司法职责，那么容易滋生腐败，因为它会使政府官员丧失必要的公正性。要求司法行政做到公正无私的理由，也正是要求政府在这些事情上做到行政公正无私的原因。私人权利易遭受税法腐败偏私的不公正执行的侵犯，正如容易遭受腐败偏私的不公正司法裁决的侵犯一样。政治权利则易受到腐败偏私的选举官员的侵犯。政治对行政功能的控制最终会造成行政的无效率，因为这会使行政官员感到，要求他们做的工作并不是改进他们部门的工作，而只是要求他们遵守政党的命令而已。

最近几年，人们实际上一直忽视了政府行政分支的存在。按照我们在文中的定义，那些主要职责是执行法律的官员一直在负责处理这些行政事务。如此一来，明显属于行政功能的部分却自然而然地与执行功能混杂在一起了。正如人们认为对执行功能施加控制是正当的，人们认为对行政事务施加相同的控制也是正当的。然而，随着政府活动范围的扩大——主要是行政性而非执行性的扩展——行政事务占有的地位日益显著，以施加控制这种方式处理行政事务将不可避免地产生不良影响。有些国家已经充分认识到，除执行方面外，从理论角度来说，行政与政治不存在关系，从事实的角度来说，也不应该将两者联系在一起。只有这些对行政有了充分认识的国家，政府具体工作才取得了最大程度的进步，正如在生活的其他领域中取得的进步一样，这些进步是非常重要的——实际上，这比一般的原则重要多了。

将政治与行政区分开的必要性在城市政府中表现得非常明显。这是因为，从狭义的"行政"来说，城市政府在很大程度上管理的就是行政问题。从本质上说，城市政府从事的是事务性工作，这是事实。当然，以这种形式说明这一说法的真实性是不恰当的，因为城市政府不是企业，而是政府。然而，城市政府处理的问题几乎都是行政问题，是地方行政问题。

从狭义的行政而言,虽然政治与州行政的关系并不比它与城市行政的关系更为密切,但是政治对城市政府产生的影响比对州行政产生的影响更坏,这也是事实。之所以会如此,是因为城市政府的行政性比州政府的行政性更明显,还因为,当政治对城市政府产生影响时,那么政治就不仅是地方性政治了,还是州和国家层面的政治。这样产生的后果是,不仅使城市政府变得结党营私,毫无公正和效率可言,而且他们会为了州或国家的利益而牺牲城市利益。在英、德等国,公共舆论已经极为明确地将政治与行政、地方政治与国家政治区分开来,这些国家在解决城市政府的问题方面肯定会大为成功。

事实上,行政中的很大一部分与政治并不相干,因此即使不是全部,那么行政的大部分也应该从政治机构的控制下解放出来。行政中的很大一部分之所以与政治无关,是因为这部分包括了半科学、准司法和准经济活动或商业活动——它们对国家真实意志的表达产生的影响微乎其微。为了最有利于执行行政功能的这一分支,应该组建一支完全不受政治影响的政府代理人队伍。他们之所以不应受政治影响,是因为他们的使命是践行其远见和判断力,寻求真理,收集信息,对与之交往的人保持公正无私的态度以及构建尽可能高效的行政组织。为此类政府官员委派的职位,应与广大民众普遍赞同的为法官委派的职位相同。从性质上而言,他们的工作与法官相比并不仅仅是政治性的;虽然其组织应该与司法组织有所区别,但为了使他们最有利于完成被交付的工作,使他们的职位与委派给司法官员的职位相同仍然是必要的。

1701年《王位继承法》原稿

人们花了很长时间才认识到,司法官员应该占据他们现在所处的位置。在英国,直到1701年通过《王位继承法》之后,才根据法律将这种职位委派给了他们。在欧洲大陆,即使到了现在,一些国家仍然没有将这种职位看作是司法官员的职位。① 因此,将这一职位委派给法官之前,必须承认司法功能作为一种功能存在是与政治无关的。所以,如果我们希望行政官员永久合理地占据这一职位并且不受政治影响,那么我们必须承认存在一种

---

① 例如法国和意大利。See Lowell, *Government and Parties in Continental Europe*, Vol. I, pp. 51, 176.

其执行不受政治影响的行政功能。虽然英国、德国和法国处在较低层次上，但这些国家已经做到这一点了。这些国家能够拥有卓越的行政体制，在很大程度上都归功于这一事实。在这种情况下，可以放心的委托给政府大量工作，而在美国民众也产生这种观念之前，是不能将工作委托给政府机关的。如果交由政府机关去完成这些工作，那就会毫无效率，而无效率的原因在于我们没有认识到，应由一个不受政治影响的机关去执行行政功能。

受委托执行行政功能的政府机关不应该只是像法官一样不受政治影响，他们还应该和法官一样，应拥有相当长的任期。因为他们能否出色地完成工作取决于他们的经验，而丰富的经验主要来自于长期的实践。对于半科学、准司法和技术性行政服务部门而言，合理的长期任期是绝对必要的。此外，这对于更大范围的行政服务来说也是十分必要的，尽管它们的职责并不像刚才提到的半科学、准司法和技术部门的职责那样对国家福利至关重要。这就是那个庞大的办事员和执行官员阶层，他们只是简单地执行那些有权决定行政政策一般性问题的上级官员的命令。合理的长期任职是这个阶层的官员所希望的，因为如果不规定长久的任期，就无法实现最高的行政效率。而事实是，如果不规定长久的任期，政府工作依然可以照常进行，但政府成本会大幅度增加，而工作则做得很草率。这种长久的任期，可以像在德国那样由法律条款加以保障，也可以像在英国那样，由开明的舆论要求加以保障。

但是，我们应当注意，不应该将这种长期任职给予那些明显具有执行性的官员，他们被委任的职责一般是执行法律。如果为这类官员提供了长期任职，那么政府从整体上就失去了民治特征，因为法律的执行会对国家意志的表达产生重要影响。一项未生效的法律并不是真正的行为准则，而法律的执行则掌握在这些官员手中。因此，如果受委托执行法律的官员不受政府组织规定的某种政治性控制，比如立法机关的控制，那么他们应该接受政党的控制。在这种情况下，要求政党对一般行政功能实施政治性控制，对于实现协调而高效的政府而言，是必不可少的。

瑞士是实际拥有民治政府的唯一国家，在这个国家里，就最高执行官员随着民意的变化而改变这一点来说，最高执行官员并未被当作是政治性官员。出现这种例外情况，在很大程度上或许是因为，他们直率地认为这些官员只是立法机关——政府中最卓越的政治机关——的执行人员，而且立法机关有权在未经审查的情况下随时撤换他们。正如洛厄尔先生所言："在瑞士，执行机关与立法机关之间的关系不同于其他任何国家。与美国总统不同，瑞士联邦委员会并不是政府的一个独立部门，它无权对自己职责范围内的问题做出最终裁决。瑞士联邦委员会还没有为防止自身权利受到侵犯而行使过否决权，严格来说，甚至在行政事务上，它也没有任何自主权，因为其行政行为是可以由联邦议会进行监督、控制或撤销的……如果联邦议会与他们（联邦委员会成员）在立法或执行事务上的意见不一致，那么他们必须将议会的意

瑞士联邦起源

志看作最终权威,并努力忠诚地执行它的指示。"① 洛厄尔先生还说:"联邦委员会实际上是一个事务性机构,在选举候选人时,它更多关注的是候选人的执行能力,而不是政治领导能力。它的职责在于执行行政管理,为立法献计献策。但人们并不希望它左右国家政策,而这正是这一职位的秘密所在。"②

如果被委以较大自由裁量权的最高执行官员长期任职,那么这与民治政府是不相容的,因为这样会进一步形成庞大的政府机关,而庞大政府机关的工作效率对于民治政府的存在是极其危险的。我们应当记住,行政组织过于强大往往会使民治政府无法存

---

① *Government and Parties in Continental Europe*, Vol. II, p. 197 et seq.
② *Ibid.*, p. 200.

在下去。因此，在政党组织力量薄弱的地方，强大的行政会利用它对选举的必然控制而使民意失效。这在当前的德国是如此，在过去的法国也是如此。另一方面，我们还应该记住，在政党组织强大的地方，如果一个行政体制中那些较低级别的职务根本不存在长期任职的话，那么这个体制同样也会使民意失效。如果民意在党内难以表达，那么在这样一个政党体制下，可以通过不正当的行使任命权来实现。

如果期望存在高效率和公正无私的行政，如果政策问题是根据民意决定的，那么在行政体制的半科学部门、准司法部门、办事机构和执行部门中，就应该规定长期任职。在行政体制的高级部门中，也就是在那些在职官员对政策问题有着决定性影响的部门，特别是对于行政首脑而言，应该避免这种长期任职。在这些情况下，如果希望确保由代表民众的机构来决定政策问题，那就应该对政治控制做出规定。

希望上述论述已经足以说明，尽管可以区分政府的两种主要功能，但在一个民治政府中，如果要考虑其中一项功能执行时出现的问题，那就不能脱离另一项功能执行时出现的问题。为了使国家意志的执行符合国家意志的表达，也就是为了使政治功能和行政功能协调一致，政府体制中的政治机构必须控制行政机关。但是，这种控制也有一定的限制，政治机构不能超出这些限制行使这种控制。如果将这种控制扩大至行政机关的所有官员，那么政府就会效率低下，无法处理一些事务，而这些事务必须由政府处理才比较有利。在政党组织实力强大而行政体制薄弱的地方，行政控制过于扩张会进一步破坏建立行政体制的最初目的。这是因为，行政组织可能会用于推动政党目标的实现，也可能会用于阻碍国家意志的自由表达。

另一方面，在政党组织软弱的情况下，如果为了确保高效行政而试图通过不正当手段强化行政体制，那就会出现一种危险，即可能会利用行政组织拥有的选举权影响国家意志的表达。只有坦诚地承认应该对法律的整体执行进行控制，并承认有一部分行政工作是政治不应该介入的，这样才可以确保安全。唯有如此，才能真正实现民治政府和高效行政。

第五章　行政体制对政治与行政关系的影响

经典名句

◆ 民治政府的最高主宰是广大民众，他们必须对执行和表达其意志的官员进行控制。

◆ 在美国政府体制中，政党组织本身担负着协调表达和执行国家意志的重担，因此，政党组织不仅需要壮大自身力量，还需要长期存在下去。

◆ 只有在行政实现了某种程度的集权之后，才可以实现政治功能和行政功能之间的必要协调。

◆ 我们正逐步朝着行政集权的方向发展，这是不可抗拒的潮流，因此，这就要求承认政府的活动范围需要受到与以前相比更少的政治影响。

美国官员道德署徽标

世界各国确立的行政体制或多或少属于两种主要形式中的一种。有权执行国家意志的官员要么被赋予了很大的自由裁量权，这样他们就成了具体表达国家意志的真正机关；要么就是这些官员根本没有任何自由裁量权，只不过是那些不仅决定应做什么，还决定如何做的其他国家机关的工具而已。第一种行政体制出现的时代所具有的明显特征是，政府组织中的行政功能和政治功能并非泾渭分明，民众的意志很少或根本不需要表达。第二种行政体制则见证了另一个极端，它试图使民众意志体现在政府的所有具体工作上。

一般来说，第一种行政体制以官僚等级制为特征，在这种等级制度中，下级官员效忠于上级官员，而不是效忠于本国法律，上级官员对众多下级官员拥有命令、控制和监督权。如果整个政府体制具有民治特征，那么根据政府的民治程度不同，这些上级官员或多或少应该服从最终有权表达民众意志的机构所实施的有效控制。

第二种行政体制几乎不承认官员之间存在任何隶属关系，但这种体制强调，每位官员都应效忠有权表达国家意志的机关制定的法律。① 在法律面前，官员人人平等，官员只服从法律规定，只寻求法律的指导。当然，任何现实中的政府都不是，也不可能是真的根据如上所述的原则构建的。这样做的后果只能是导致产生无政府状态。因为从来没有成立过可以对此类政府体制施加控制的立法机关，而这种控制对于确保这种意志的执行是必不可少的。责任过于分散就无法发挥它应有的效力。

与此同时，立法机关可以依靠那些被委托负责司法行政的官员对这些执行立法机关意志的官员施加控制，而不是依靠被委托负责政府行政的官员实现这种控制。这种控制既可以是应自身权利受到侵犯的公民个人请求而予以实施，也可以应此范围内被授予监督权的行政官员的请求而予以实施。因此，司法机关被授予了必要的集中控制权，因为它们是负责解释法律的机关。也就是说，虽然重要的行政官员在执行法律时可能受到法院的辖制，但是他们几乎可以完全从所有行政上级领导的控制和监督中解放出来；在受到立法具体控制的权力和职责范围内，他们也有可能受到立法控制。他们应效忠于这种精细立法涵盖的法律，法院会强制他们遵守。

从国家和地方政治共同体之间关系的角度来说，这种行政体制通常会产生极端分权。这就是所谓的"法治政府，而不是人治

---

① Cf. Freund, "American Administrative Law," *Political Science Quarterly*, Vol. IX, p. 403.

政府"。尤其是在阻止专制政治的发展和防止出现专断行政行为方面，它有优势，这是不容置疑的，但它却无法使行政功能在不受政治影响的情况下不断发展，因为它会加强立法机关这个显著的政治机构对所有政府事务的干预。随之而来的司法控制除了能确保遵守法律外，并不能保证其他任何事情。从权宜之计的角度来说，它根本就是一无是处。这些权宜之计必须由立法机关决定，必须深入到立法的具体细节层面。

这种行政体制不仅会加强立法干预，还会使负责执行法律的政府官员无法长期任职，这是因为，具体立法和对立法执行施加的司法控制，不足以在表达国家意志的政府机关和执行这种意志的政府机关之间达成协调一致。制定法律规则的同一机关既有权利不执行这种意志，也有权利不控制这种意志的执行。执行官员可以根据立法机关的要求执行法律，也可以不按照立法机关的要求做。在对这些执行官员进行控制时，司法官员可以和司法机关一样对法律持相同的看法，也可以持有不同的看法。因此，政府组织没有制定任何确保国家意志表达和执行保持协调一致的条款规定。然而，民治政府的最高主宰是广大民众，他们必须对执行和表达其意志的官员进行控制。因此，这种执行官员的任期较短，民众可以通过频繁的选举对他们频繁地施加控制。[1]

---

[1] 只要国家意志是由中央立法机关表达，由地方选举的官员负责执行，那么这种由民众施加的控制就无法确保在国家意志的表达和执行之间保持协调一致，因为负责执行法律的地方意志不可能与法律中表达的国家意志相一致。

上述行政体制就是美国各州在形成之初或发展之后采用的行政体制。这是这一体制从英国引入后在美国合乎逻辑的发展。当我国处于殖民地时期时，英国的政治发展进程使英国的议会在政府中占据了主导地位。由于英国政府中不存在成文宪法，所以也就不存在对议会权力的正式限制。在美国的政府体制建立时，议会当时并没有要求拥有后来行使的那些权力，这是千真万确的。但在英国开展的持续性立宪斗争过程中，构成美国殖民地民众主体的那个阶级，将立法机关即议会视作他们反对独裁统治的堡垒，所以，如果从法律上承认议会在新的美国政府中享有理论上至高无上的地位，那么这种做法自然会被认为是合情合理的行为。立法机关在英国享有至高无上的地位是与实践中巨大的行政独立性糅合在一起的，尤其是就地方官员与中央政府的关系而言，更是如此。地方行政官员应效忠于国家的法律规定，即议会制定的法令，而不是忠于中央高层行政官员的领导；他们受法院的控制，这确保了他们对法律的服从。

斯图亚特王朝最终因为专制政府体制而灭亡。在防止斯图亚特王朝将这种专制政府体制强加给英国时，地方官员的这种行政独立性发挥了极大的作用。实际上，议会之所以能在与王权的战争中取得胜利，很大程度上得益于这种行政体制。因此，在18世纪末，美国新成立的各州政府自然就采用了这种久经考验且尚未发现缺陷的行政体制。

但美国最初确立的行政体制是根据英国的行政体制建立的，

但它又与英国的行政体制存在几点不同。英国的体制还有不少其他特点，能够使人们回想起那个王权大于议会权力，以及行政官员尚未获得完全行政独立的年代。因此，在那个时候，无论是中央还是地方的行政官员，都是由国王任命的。然而，在大西洋彼岸，新政府的缔造者们却摒弃了这些特征。他们彻底与以往的正统制度决裂，并在民众控制的原则之上建立了新政府。

正是因为采用了这一原则，它使选举官员的原则和频繁选举的原则成为一种必要。因此，为了使所有重要政府官员都经选举产生并规定较短的任期，最终制定了相关条款。最初，联邦政府的主要官员由立法机关选举产生，而地方代表则由民众选举产生。后来，普选原则被一视同仁地应用于所有官员，可以说，直到本世纪中期，实际上所有的国家官员，不论职务高低，不管是中央官员还是地方官员（后者包括城市官员），都由整个国家的全体民众或由在该官员拥有管辖权的地方的民众选举产生，并且任期较短。

这一结果致使国家无法对受委托执行法律的主要机关进行监督。为了实现国家意志的表达和执行之间的协调统一，需要对政府体制进行控制，而所有这些控制只能在立法机关的以下权力中找到，即对受委托执行法律的官员应履行的具体职责进行规定的权力。应权利受到侵犯的个人提出的请求，或者应那些依据法律规定有权提出这种请求的官员所提出的请求，必须对法院进行授权，从而强制相关人员遵守这种具体的立法规定。

需要注意的是，在具体立法权力中存在的这种控制，毫无疑问是由一个政治性机关来实施的，进而言之，实施机关本质上是这样一个机关，即不具备大量行政知识，而且其主要目的是表达那些选举它的民众的意志。但是，尽管立法机关具有政治性和理论上的无限控制权，但其组织仍具有一个特点，而且也需要具有这个特点，那就是在具体情况中实施这种控制是不可行的。

美国宪法普遍采用了权力分立原则，这使立法机关不可能通过实施罢免权而对行政官员施加任何举足轻重的控制。如果立法机关对被委托执行法律的官员的行为方式不满，那么立法机关能做的只是更细化地规定他们应履行的职责，并委托法院强制执行立法机关的命令。然而，法院施加的控制与立法机关施加的控制一样，可以说都不尽如人意。只有在他们明显不服从的情况下，法院才能采取行动，然而，采取这种行动也会受到陪审团的牵制，判决时，陪审团反映的是那些选举他们的地方民众的意见。

在这种行政体制下，无法对受委托执行法律的官员施加有效控制最明显的例子，或许可以在本世纪上半叶通过的禁酒法或酒精饮料买卖取缔法中找到。许多州的民众对酗酒的危害深信不疑，他们要么采取权宜之计，完全禁止将烈性酒作为饮料出售，要么通过了旨在减少饮用烈性酒的异常严格的法律。这就是国家意志在这一问题上的表达。然而，当开始执行这一意志时，却发现行政体制并没有规定能够使国家意志的表达和执行协调一致的方法。立法机关随之通过的法律越来越详细具体，希望通过这种

美国禁酒令生效

方式确保国家意志的执行。① 一些州针对非法出售烈性酒的问题做出了规定,发布了禁止售酒的禁令,如果在颁布禁令后,有人违反了这一法律,那么应以藐视法院论处,法院试图通过这种方式取消陪审团在这个问题上的权力。人们认为这就是"禁令政府"的起源。②

在禁酒法和酒精饮料买卖取缔法的例子中,立法机关表达的国家意志并不是地方意志,这是毋庸置疑的,地方通过当地选举控制着国家意志的执行,而实际上,就国家意志作为地方民众的

---

① Sites, "Centralized Administration of Liquor Laws in the American Commonwealths," *Col. Univ. Pub.*, Vol. X, No. 3.

② See Dunbar, "Government by Injunction," in *Law Quarterly Review*, December, 1897.

实际行为准则所具有的效力而言，地方意志足以使国家意志失效。但是，即使在国家和地方不存在此类冲突的地区，也不存在可以对国家意志的表达和执行进行协调的方法。受托执行国家意志的官员不受某一中央行政机构的控制，但中央行政机构却会受立法机关的有效控制。这些官员根据自己的判断，可能会执行国家意志，也可能不会执行。从体制理论上来说，虽然执行官员只是被授予执行法律的权力，但是，从一定程度上来说，而且从很大程度上来说，这些行政性官员变成了政治性官员。

现在，要想使政府协调运转，就必须找到某种使国家意志的表达和执行协调的方法。如前所述，这种方法是不可能在政府体制内部找到的，因此只能在政府体制之外的法外制度中寻找。实际上，我们可以在政党内找到这种方法。根据政府体制理论，政党不仅担负着选举那些表达国家意志的机关官员的重任（即选举立法机关的官员），还担负着选举执行这种意志的机关官员的重任（即选举执行官员）。政党必须选择中央执行官员，因为权力分立原则解除了立法机关对其施加的任何有效控制。政党还必须选择所有的地方官员，因为行政体制的极端分权特点解除了国家对他们施加的任何有效控制。为了完成这项工作，政党组织不仅要实现自身的强大，还要长期存在。

政党组织必须实现自身的强大，这是因为，为了保证民众意志能够切实得到执行，所有当选官员必须以个人名义保证遵守某种行为准则，而政党必须承担起他们应尽的职责，必须提前制定所谓的政治纲领。每位候选人应该以政治纲领为行动准则，要求担任重要职位的候选人必须形式上承认它。因此，单个候选人势必会归附政党。主要原因在于，在其他政府体制下，通常每位候选人发表的个人信仰声明在实际生活中几乎并不为美国公众生活所熟知。

这主要是因为，政治功能和行政功能之间的协调是绝对必要的，因此，如前所述，在政府体制中无法获得的这种协调必须在政党组织中找到，因而人们所说的政党合法性才会在美国如此受重视。对党高度忠诚，这几乎可以说是美国政治所特有的，如果不是因为这一点，我们的政府就会由一群目无法纪、钩心斗角和无法无天的官员充斥着。尽管所有官员名义上只是执行那些极其繁琐细致的法律，负责表达立法机关中名义上代表民众的意志，但是每位官员彼此之间拥有相同的实际权力和权威，他们要么按照自己的良知行事，要么恣意妄为。

此外，仅就需要选举的官员人数而言，政党组织的强大对于国家和更为复杂的地方政府（即城市）是十分必要的。邻里间的交情可以使选民对各公职候选人的品行知根知底，这对乡村地区的选举产生了良好影响，但是我们并不能期望这理所当然也会对整个州选举或城市选举产生良好影响，在这些地方，人们彼此之间知之甚少。因此，在选举大量州和城市官员时，选民必须依靠政党，这个党的政治纲领须能迎合他们的心意，党以往的记录须能使他们相信，党在未来的行动中会践行自己的诺言。企图不依靠政党而采取行动的种种努力,虽然在很多情况下具有极大的教育意义,但是在这种情况下,并不会对现有政治问题产生立竿见影的实际意义。

在美国政府体制中,政党组织本身担负着协调表达和执行国家意志的重担,因此,政党组织不仅需要壮大自身力量,还需要长期存在下去。政党组织必须长期存在下去,如果没有其它原因的话,那就是因为任何一次选举通常都无法在政策决策机关(即政府中的政治机关)和政策执行机关(行政机关)之间达成这种协调一致的关系。情况之所以如此是因为,在这个问题上,想通过一次选举就选举出负责执行法律的所有官员是几乎不可能的。一般来说,这种官员的任期长短不一。因此,政党的工作并不是在一次选举中就可以完成的。政党必须维系着组织,在行政体制需要举行的多次选举中,时刻准备着解决党期望推动解决的问题。否则,对于国家意志表达和执行二者之间的关系,它就无法履行协调职责,这种职责是民众要求政党承担的,同时也是只有通过政党才能实现的。

然而,维系一个政党需要付出很多,并不是一件轻而易举的事情。相对于那些对政党管理工作和政府工作感兴趣的人而言,我们不能指望他们会纯粹出于无私的目的,投入大量时间和精力来完成这项艰巨的工作。正如布赖斯(Bryce)指出的:"将公共职责视为政治的主要动力,这无异于将共和国当成了一个天使。

正如我们所了解的,人必有其他某种动机。"① 他们必须通过某种方式获得回报。诚然,这项工作如此艰巨,以至于占用了他们所有的时间。因此,如果不能给他们财富,那他们就无法生存,除非将金钱报酬与政党政治的追求结合在一起。如果法律并没有规定做这项工作能获得报酬,那就应该而且必须在法律规定之外找到这种提供报酬的方式。实际上,在很多情况下,法律已经对这些方式做出了规定。也就是说,美国法律一般会规定,大部分职位,不管是立法机关的职位还是行政机关的职位,都能获得一份薪金,甚至在某些情况下,薪金的数额是相当大的。维系政党组织的必要性,使我们有必要将这些可以领取薪金的公职视为为政党服务的报酬。

詹姆斯·布赖斯(James Bryce, 1838—1922),英国学者、法学家、历史学家和政治家,曾任英国驻美大使。

综上所述,我们可以得出:我国流行的这种极端放任和松散的行政体制,无法协调政府体制中国家意志的表达功能和执行功能,由此一来,受委托执行法律即国家意志的官员实际上已经具有了政治性,这是因为,立法法令中规定的法律规则是否能够成为切实贯彻执行的行为准则,在很大程度上取决于这些官员的决

---

① *American Commonwealth*, 3d edition, Vol. II, p. 59.

定。为了实现这两种功能间的必要协调，需要求助于政府制度外的政党。为了能够完成那些要求完成的工作，政党组织应做到自身强大，而且能够相对持久地存在下去。维持政党存在的事实，使我们有必要将从事政党工作视为在公职中获取报酬的正当理由。

在这种大量官员由选举产生的体制下，长期任职一直是一种例外，而不是惯例。人们认为官员队伍的频繁变动不仅是不可避免的，而且也是正当的行为。他们知道，行政体制使那些由选举产生的无足轻重的官员具有了政治性，而且他们手握不受控制的执法权，因此必须频繁变动行政体制下的官员队伍。

一些狂热鼓吹这种体制的人认为这才是真正的美国体制。他们甚至更进一步宣称，即使由选举产生的官员和任命的官员（即使这些任命的官员有实施自由裁量权的机会，这种机会也是很少的）都采用这一体制，上述理由也同样可以证明这一体制的合理性。一直被称为并被恰如其分地称为美国政府体制的这种体制，在其后来的发展中，将相同的规则应用于这些由行政任命的官员身上，这是不可否认的。但我们也必须承认，并不是这种体制的根本原则要求必须这么做。为什么对待行政任命的官员的方式与对待由选举产生的官员的方式一样呢？其原因在于，人们希望维系政党组织和保存组织实力。有种理论认为，公职应该被视为战利品奖励给获胜的政党，由于人们认为维系政党组织是极其必要的，因此，这一理论就被采用了。

采用所谓的"政党分肥制"是完全可行的，因为它并没有将行政与政治区分开，而这又是由行政体制的特征促成的。看到大多数由选举产生的官员频繁变动，当把所谓的"职位轮换"原则应用于任命的政府官员时，人们自然也就不会有异议。当时某些最为著名的政治家确实曾呼吁民众注意，职位轮换原则应用于任命的官员会造成一定的危害。① 但是我们应该记住，当政党分肥制开始在美国的公众生活中占有一席之地时，此时的行政功能还没有后来变得那么重要。这是因为，当时我们的文明相对较为简单，政府事务远不如现在广泛，也没有现在复杂。

最先引入政党分肥制的是纽约州，即使在殖民地时代，该州的政治或许已经比其他地方的政治更加尖锐化。19世纪20年代，政党分肥制由纽约州进入到联邦行政层面。由于此时民主运动开始发展以及奴隶制问题的出现，国家的政治斗争开始具有尖锐性，这在一定程度上与纽约州的政治特点相同。从那时起，政党分肥制遍及整个联邦，不久之后就被视为美国政治体制必不可少的组成部分了。

从政治理论的角度而言，政党分肥制是指所有受委托执行法律的官员，不管是有自由裁量权的还是只负责执行的，还是任命的或选举的，都置于政党的控制之下。在美国政治体制中，政党担负着协调政治和行政功能的任务。

---

① 参见 Fifteenth Report of the United States Civil Service Commission, Part VI, p. 443, 该报告对政党分肥制的发展历史做了精彩的描述。另参见 Ford, *op. cit.*, Chap. XI.

"19世纪20年代,政党分肥制由纽约州进入到联邦行政层面。"

然而,政党分肥制本身存在两大缺陷。首先,当应用于行政任命的官员时,它严重损害了行政效率。其次,即使应用于选举产生的官员,除了维持政党组织的必要性之外,也找不出它存在的理论依据,应用于任命的官员时更是如此。虽然它有助于政党机器的形成,但是这种机器的形成与其说是为了促进国家意志的表达,倒不如说是为了维护党的执政地位。因此,这就使政党成了一种目的,而不是实现某种目的的工具。在很大程度上,由于政党分肥制,政党逐渐不再执行有利于表达国家意志的功能,而这本来是政党应该全力以赴的分内职责。实际上,在很多情况下,政党反而起了阻碍作用,而不是促进作用。

行政效率下降产生的危害第一次引起了人们的关注。与州行政相比,联邦行政效率的降低自然更快地引起了人们的关注。这是因为，与州行政体制不一样，联邦政府的正式行政体制并不适于前面所提到的产生政党分肥制根源的观点。在联邦行政体制成立之初，它就与各州建立的行政体制存在很大差异。与各州相比，它更多地体现了英国制度的原则。在本世纪，这些原则促进了英国行政高度集权的发展。因此，这一普选原则虽然早在联邦政府成立之时就已经赢得了各州民众的普遍认可，但却没有获得联邦宪法的承认。在实践中，根据宪法规定，所有联邦官员都是由行政首长或由行政首长任命的人委任的。

从一开始，联邦行政体制就蕴含了行政集权的萌芽。就这一点而言，从当时美国政治的发展角度来说，这多少有些反动。在有利的环境下，行政体制的这些萌芽会顺利茁壮成长为一种集权行政体制。首先，这种有利的环境源于联邦宪法的严格规定。这种严格规定不允许轻易修改宪法，因而也就防止了联邦政府中分权的、非集权的行政体制的发展，而这正是本世纪前半叶后期各州政府具有的特征。其次，这种有利的环境源于授予总统的潜在权力，对这种权力的认可使整个联邦行政体制处于总统的控制之下。

1789年，美国参议院决定，罢免权只授予总统一人。通过《任期法》后，国会在1867年到1887年间又撤销了这一决定，但是在我们的联邦行政体制形成后的75年中，总统可以在不受任何其他政府机关控制的情况下行使罢免权，这不仅赋予了总统指挥整个联邦行政的权力，还使"总统是联邦政府行政首脑"这一事实得到了普遍认可。因为总统的命令首先是在具体实践中,然后是在宪法理论中通过免职的威胁得以保证贯彻执行的。当杰克逊因他的财政部长不服从他的命令而罢免他时,这个问题就已经在实践中得到了确认。他不服从命令是指没有按照杰克逊总统的命令取出存放在美国银行中的钱款。杰克逊的这种行为并没有引起美国政府其他机构严肃而持久的抗议,而且毫无疑问,这种行为得到了广大民众的普遍赞同。随着1887年废除《任期法》,联邦政府再次明确实行集权化的行政政策。这种罢免权近来已经获得了美国最高法院的承认。①

杰克逊(Andrew Jackson, 1767—1845),美国第七任总统,美国历史上第一位平民出身的总统。

因此,当各州正着力发展一种非常分权化的行政体制时,联邦却在发展一种非常集权的体制。由于篇幅所限,我们无法详细论述这种发展过程,但只要留意一下联邦的财政管理以及最高法院对适用于所有行政管理的原则做出的多项裁决就足够了。联邦最初管理国家财政的方法与各州通行的做法非常类似,也就是说,在每个为此目的而设置的行政区,任命一名海关征收员,他须尽最大努力根据自己的判断解释法律,不受此系统的名义首脑

---

① Parsons v. United States, 167 U. S. 324.

即财政部长的指挥。① 但是，这一体制必然会导致美国不同港口缺乏整齐划一的行政管理，而且，法律逐渐承认了财政部长越来越多的监督权和指挥权，一批专职事务官会协助他们工作。这些官员的主要职责是视察不同的海关税区，协调各海关征收员的活动。此外，在很长一段时间内，法律明文规定，可以就海关征收员做出的决定上诉财政部长。无论是在现在还是过去，国内税收行政管理同样运用了这一原则。

这一发展结果承认了联邦行政中存在的官僚等级制，在这种官僚等级制中，部门首长有权根据相关利益者的上诉取消或修改下级官员做出的决策，也有权指挥这些官员的行动。美国最高法院颁布了执行令，承认法院有权强制下级官员执行上级的决定②，同时也承认在个人认为下级官员所做的决定侵害了个人利益时，可以向上级官员提出上诉。③

位于官僚等级制最顶端的是总统，他即使不是拥有全部的，也是拥有很大的任命权、罢免权、指挥权和监督权。可以说，联邦行政体制的集权特征这一概念在19世纪中期就已经形成了，并且在一份美国总检察长的意见中表达了这一观点，他指出：

---

① See Report of the Secretary of the Treasury on the Collection of Duties, 1885, p. xxxvi.
② United States v. Black, 128U. S. 540; United States v. Raum, 135U. S. 200.
③ Butterworth v. United States, 112 U. S. 50; See also United States v. Cobb, 11 Federal Report, 76, 此案承认美国行政部门的领导者有权变更下属所做的决策。

"我认为,在与总统意志相悖的情况下,部门的负责人无法合法开展执行一项官方行动;因为根据宪法规定,这个意志就是用来管理这些行动的执行的。"①

联邦行政体制的这种集权可以防止下级官员成为政治性的官员,因为这种集权剥夺了他们的自由裁量权,并使他们的行动处于上级的控制之下。因此,为了实现我们在前面已经指出的政治功能和行政功能之间非常重要的协调,将下级官员置于政党的控制之下是没有必要的,只要政党对总统以及对部门首长加以控制就已经足够了。在联邦政府成立之初,政党就已经拥有这种控制权了。人们现在普遍认为,所有执行部门的首长都应属于选举出总统的那一个政党。

联邦政府的行政事务激增,其中很多都具有半科学的性质——例如专利事务管理、地质勘探以及各统计部门的工作——由于采用了政党分肥制,导致行政效率明显下降。早在1841年就有人要求采取措施提高行政效率。那一年成立的一个众议院委员会在报告中指出:"我们认为,仅对众多任命的官员进行政治考察的习惯对公职人员系统是有害的,因为不称职的人员经常被任命担任重要职位。"该委员会建议对期望进入文官队伍的人进行预备考试。② 1853年规定了考试通过制度,希望将完全不称职的人排

---

① 7 Opinions of The Attorneys-General, 453, 470; See also Goodnow, *Comparative Administrative Law*, I, p. 66, etseq.

② Fifteenth Report, United States Civil Service Commission, p. 466.

除在文官队伍之外。① 但是这一方法并未奏效,于是在 1872 年,美国效仿英国针对出现过的类似弊端而采取的措施,引入了公开竞争考试。② 自从 1883 年通过现行的《文官法》以来,

1889 年美国政治卡通,反映了围绕《文官法》进行的政党斗争。

越来越多的行政任命职位需要进行公开竞争考试,这些职位的任职者无法对政府的基本政策施加太大的影响,迄今为止,接近 87,000 个职位处于《文官条例》的管辖之下。③

采取的最后一步是试图防止因政治原因而出现罢免。因此,总统近来就此事下达的命令④承认,大多数行政任命的官员不应

---

① Fifteenth Report, United States Civil Service Commission, p. 474.
② See United States Revised Statutes, §1753.
③ Fifteenth Report, United States Civil Service Commission, p. 141.
④ Civil Service Rule II, Sect. 8.

受政党的控制。①

尽管文官入职公开竞争考试体现了大多数人心目中文官改革的所有目的,但它们实际上只是这一改革的很小一部分。改革的终极目标在于,承认政府的执行功能与司法行政一样,应该免受政治影响。在总统近期下达的有关罢免的命令中,这一终极目标已经体现得非常明显了。理所当然地,竞争考试只能成功地应用于机构中那些相对不重要的职位。然而,竞争考试除了能使机构中较低层次的部门免受政治影响外,如果它还能成功地使公众认为,无论是在联邦政府中,还是在当前州政府的多种情况下,政党过去没有必要拥有控制政府官员(他们的职责只是协助执行法律)的极大权力,那就可以充分证明采用竞争考试是合理的。一旦公众有了这种观念,那么做起来就相对简单多了,可以坚持要求那些十分重要的官员,如部门的负责官员、海关和国内税收征收员、邮局局长乃至各局局长,都应该根据自身能力经选拔担任相应职位,只要他们能够证明自己具有这种能力,就可以一直担任该职位。只通过法律的变动就可以实现这一点,人们对此可能存有疑问;但确定无疑的是,只要根据经验得出的并且是理智的公共舆论要求这么做,那就肯定能实现。

英国的发展进程比我国更进一步,不仅它的历史证明了这种预见的准确性,而且从已经实现最复杂文明的美国各州的最新进

---

① 最高法院认为,这一命令不能以禁令的形式执行。White v. Berry, 171 U. S. 366.

展也可以推断出这一结论。正如我们在州政府中所了解到的，在19世纪中期，美国的行政体制已经发展到了顶峰。也就是说，在那个时期，选举原则以及由之产生的成果都被普遍采用了。然而，到了那个时期，行政分权已经开始，从那之后的趋势一直是以类似于联邦行政集权的方式来实现州行政集权的。公众情感的这种变化，一部分原因在于州政府事务的急剧增加，这是19世纪最后25年里最显著的特征；还因为大家熟知的城市生活获得了巨大发展；此外，在一定程度上还因为蒸汽和电力的应用引起了社会和经济状况的变化。在适合用公共马车和邮差将人们联系在一起的人口稀少地区，其行政体制不适用于用铁路、电报和电话将人们联系在一起的人口稠密地区。先前分散的事务现在联结在了一起。因此，为了适应变化了的环境，行政体制必须实现集中化。

州政府是在近期才承担起了一些事务的监督职责，比如监督银行、保险、农产品、制造业和普遍的工业活动以及交通运输等此类事务的职责，而在不久之前这些事务并不是政府活动的目标。大城市的发展促使公众开始注意那些乡村中由个人解决的问题。对所有这些问题的处理，极大地扩展了我们先前提到的行政功能的范围。传统的美国行政体制并不承认存在行政功能，因此当面对这些问题时，这一体制失灵了，失灵的方式与19世纪初英国类似体制的失灵方式一样。

现代文明产生的问题首先在城市中出现，因此十分有必要大幅度扩展城市政府的行政功能。原有方法造成的效率缺失问题最为明显，因此变革就变得极为迫切。为了进行必要的补救，采取的第一步措施是使城市行政集中化和集权化。这一点可以从以下这项普遍性运动中看出来，该运动使市长在城市中的地位像总统在国家中的地位一样的。然而，与总统的问题相比，市长的问题进展更加困难。之所以如此，是因为城市中存在的传统并不存在于联邦政府。总统作为联邦行政首脑而获得的地位只是自然演化的结果，它无须在法律上做出一些重大改变。然而，如果法律不发生变化，那么市长的地位是无法发生变化的，而这只有在与以往传统决裂的情况下才可以实现。这种变化已经在一些较大城市发生了，因为在这些城市实行变革已经迫在眉睫。

"现代文明产生的问题首先在城市中出现，因此十分有必要大幅度扩展城市政府的行政功能。"

就州政府而言，这种进展甚至比城市还要缓慢。这在很大程度上是因为，城市行政体制的旧传统具体表现在法规中，而州的旧传统则具体表现在州宪法中。不仅这些宪法的修改比法规的修改要困难得多，而且变革州体制的必要性也没有城市那么大。需要州处理的行政事务不像城市的那样重要，或者至少是，州政府行政效率低下并不会像在市政府中那样造成灾难性后果。

与此同时，对州的旧行政体制进行变革是必要的，而且这种变革已经开始了。但是到目前为止，这种旧制度的变革并未像在城市中的变革那样彻底。我国许多州政府带有两种影响的痕迹，一种影响是原始美国行政观念的影响，另一种影响是现代文明需求引起的变化的影响。因此，我们发现，纽约州宪法规定了两种官员的选举：一种是一般被称为"州官员"的官员，他们至今仍然和州长一样由所在州的民众选举产生；另一种官员几乎是在1850年之后就一直存在，在大多数情况下，他们由州长任命，而且在某种程度上要接受州长的指挥和监督。

在文明发展最为复杂的大多数州中，一般都趋向于行政集权，而这背离了它们那种最初分散的行政状况。① 因此，纽约州和马萨诸塞州政府从事的大多数新领域的行政活动，都是由州的中央行政部门独自负责的。如果要对银行、保险公司和运输公司的监督以及工厂检查做出规定，那么只有授予州的中央行政部门

---

① Whitten *op. cit.*；Fairlie *op. cit.*

这种权力。另外，还有一种趋势迄今尚不明朗，即，州规定对原先由不受中央控制的地方自治机关所负责的特定行政分支机构施行中央行政监督。这一趋势最明显的例证可以在各州为了征税而进行的财产评估、学校行政管理以及公共慈善和惩教机构中找到。无论如何，各州税收平衡委员会、州公立学校管理官员和学校董事会以及州慈善和监狱管理委员会，都不再像40年前或甚至是30年前那样不为世人所知了。诚然，将学校行政从政治的控制中解放出来的期望，在大多数教育改革者心中具体表现为，扩大中央行政官员的权力，并大幅度减少立法机关和地方自治机关的权力。

换句话说，我们几乎已经实现了联邦行政体制的集权化，为了将城市行政集权或集中在市长手里，我们已经做了大量工作。我们已经开始对州行政实行中央集权，因为现在很多官员都是由州长任命或罢免的，他们独立行使权力，不受地方自治机关或地方官员的控制，在某些情况下，他们甚至有权监督仍然掌握在地方自治机关或地方官员手中的行政分支机构。作为一个民族，尽管我们一直在赞美这种自治政府，但这种集权已经悄无声息地到来了。

由于联邦政府的中央集权剥夺了下级官员曾经确定无疑拥有的那种政治性，所以随之也就产生了将他们从政党组织的政治控制下解放出来的要求。虽然并没有这么显著，但城市政府和州政府在某种程度上都提出了类似的要求。在教师、警察和消防部门人员的例子中，我们可以注意到这一点；在一般办事人员和下属的例子中，这种要求的强烈程度更低一些。实际上，我们可以这样说，在被人们津津乐道的文官改革运动开始之前，这些官员应该摆脱政治控制的要求已经被提出来了。

但是在所有这些情况中，将行政从政治中区分开来的运动——因为这是这一运动的目的所在——并未开始，直到摒弃了美国旧的行政体制，我们开始将注意力转向行政集权后，这一运动才开始。第一部规定进入联邦文官队伍须通过考试的法律于1853年通过，大约就在这个时候，联邦行政体制由总统集中控制得到了承认。确保文官长期任职的最初例子可以在1873年通过的纽约宪章中找到。在城市政府应由市长集权行政的原则确立之后，文官长期任职的原则随即也被采用。1870年的宪章已经做到了这一点。直到这一变化发生之后，才采取了上述原则，而这项运动是不是可以开始得更早，是令人怀疑的。因为只有在行政实现了某种程度的集权之后，才可以实现政治功能和行政功能之间的必要协调。如果政府体制没有规定这种协调，那么必须在政府体制之外予以规定，而这只能通过政党实现——而政党只有承认对执法官员坚持进行政治考察具有合理性时，才可以最终实现这一点。除法院为了维护法律而对这些官员施加监督外，处于原先分权体制下的官员实际上并不受政府的控制。但这还不足以在法律的制定和执行之间实现协调，而必须通过政党的控制来弥补。然而，在行政实现某种程度的集权之后，除了对最高官员之外，政党的这种控制就没有必要了，这些最高官员可以更充分地控制下级的活动，因为他们本身就处于政党的控制之下，所以有可能实现政府体制中必要的协调。

我们正逐步朝着行政集权的方向发展，这是不可抗拒的潮流，因此，这就要求承认政府的活动范围需要受到与以前相比更少的政治影响。之所以承认政府的这种活动范围，是因为在行政集权体制下，可以通过对立法机关以及高级行政官员拥有的控制权，获得对行政的必要政治控制。如果我们希望提高行政效率，希望将政党置于恰当的位置，即作为表达民众意志的一种方法而不是一种目的，一种助益而不是一种阻碍，那么这样做是也是有必要的。

因此，我们应该鼓励朝着行政集权发展的这种趋势，而不是阻碍它的发展。我们应该记住，在对集权怀有的一贯恐惧中，我们可能被那些心怀不轨的人凭空想象出来的魔鬼吓倒，这些人认为行政体制的合理组织会对他们不利。然而，我们应坚持认为，集权应该伴随着对政府活动范围的完全承认。其中，政治影响对政府活动范围是有害的。无论从行政效率的观点来看，还是从民治政府自身的角度来看，都有必要坚持这一点。

在政治影响强大的地方，集权体制很容易被用来谋求政党利益而牺牲民众意志的表达。集权行政可能会成为不负责任政党领袖手中的工具，如果真是如此，那么既不可能实现行政效率，也不可能实现民治政府。在美国历史上，人们长期以来一直没有认识到存在一种行政的功能，这种功能与司法功能一样，它的实施也应该免受政治影响。这导致政府失去了以往的民主性。控制政府职位的政党不仅利用这种控制权影响民众意志的表达，而且这种意志一旦得到表达，也会受到政党的阻挠。如果不承认政府官员与法官一样，都拥有合理的长期任期且有必要要求他们在行为上公正无私，那么行政集权将会增加政党领袖的影响力，而牺牲民众表达其意志的权力。因此，在人们毫不知情，且政府的总体形式不发生任何重大变化的情况下，民治政府可能会消失。在世界历史上，民治政府就曾经这样消失过，这是不容置疑的。在当前条件下，民治政府会不会消失，主要取决于我们是否有能力防止政治对行政施加过多影响，以及是否有能力防止控制行政的政党利用行政对表达公共意志施加不当影响。

第六章　政府体制尤其是行政体制对政党地位的影响

经典名句

◆ 政党组织是建立在政党必须完成的工作的性质和数量之上的，而政党必须完成的工作在很大程度上取决于中央政府各机构之间的关系以及中央政府和地方政府之间的关系。

◆ 即使政府体制实现了集中和集权，那么存在一个相当强大的政党体制往往也是民治政府和高效行政的必要前提。

◆ 狡诈的人会利用组织强大的全国性政党实现腐败和自私自利的个人目的。

美国大选

我们在前文中曾试图指出，政府的两种主要功能是国家意志的表达和执行，如果这种意志的表达不只是哲学意义上的信念阐述，也不是一种完美而不切实际的劝告，那么这两种功能必须协调一致，即国家意志的执行必须服从意志表达机关的控制。如上所述，这种协调可以在政府体制内实现，使所有行政官员服从最终被委以表达国家意志的高级政府机关的控制。为了使这种控制发挥有效作用，并且可以在政府体制中实现，行政体制必须实现相当程度的集权。如果政府体制中无法实现国家意志表达和执行之间的这种协调，那就必须在政府体制之外实现协调。从政府体制之外实现协调就是指从政党那里获得协调。如果行政体制没有实现相当程度的集权，而是最终处于有效的立法控制之下，那么必然要在政党中实现这种协调。

如果政府体制没有为这种协调做好准备，那么与实现了这种协调的政府组织相比，政党需要担负更多的工作。这是因为，在所有情况下建立的政党组织，都是为了完成政府体制移交的工作，为了使最终承担表达国家意志的机关对负责执行国家意志的机关施加有效的控制，需要建立某种政府体制，在这种政府体制中，政党组织要简单得多，集权程度也没有那么高。

具体来说，与在美国政府中看到的政府体制一样，高级执行官员和行政官员在很大程度上独立于立法机关，低级行政官员在很大程度上独立于高级行政官员，政党组织必定比那种以大臣为行政首脑并向议会负责的英国政党组织更强大、更复杂化、更加集权。一种情况是，政党不仅需要选举立法官员，还必须为执行法律配备官员，并在这些官员彼此之间以及他们与立法机关之间开展协调工作；另一种情况是，他们只需选举立法官员，将法律制定和执行的必要协调工作交由立法机关完成。在第一种情况中，政府体制之外的政党组织不仅需要关注国家意志的表达功能，还应关注其执行功能；在另一种情况中，他们只需要关注国家意志的表达功能即可。

进而言之，假如某个州政府和地方政府间的关系是，州法律的执行主要掌握在地方政府手中，如果州政党要执行其必要功能，那么他们不仅需要关注州官员对州意志的表达和执行情况，还需要关注地方机关对该意志的执行情况。在这种情况下，州政党必须关注地方政治。如果说州政党和地方政党之间存在差异的话，是由州政治和地方政治之间的差异决定的。只有当地方机关不再作为州的一个独立机构行动，这种差异才有可能出现。

因此，政党组织是建立在政党必须完成的工作的性质和数量之上的，而政党必须完成的工作在很大程度上取决于中央政府各机构之间的关系以及中央政府和地方政府之间的关系。如果从一般政府不同部门间关系的角度来看，政府体制是非集中的，而从中央政府和地方政府间关系的角度来看,政府体制又是非集权的,那么政党需要完成的工作是极其艰巨的,而为了完成这些工作,政党组织必须相应地变得强大,并长期存在。

然而,虽然我们可能在政府体制之外,也就是在政党中,能找到这种对国家意志执行施加的必要政治控制,但这种控制的过分膨胀,一方面会使国家意志的执行变得毫无效率可言,另一方面又会给表达国家意志带来困难。这两种结果可能会使人们无法认识到行政功能的存在(如上所述),并会造成党派内滥用恩赐权的现象。

许多人认为,在委托政党对国家意志的执行施加政治控制的地方,只要努力使政党组织处于弱势地位,就可以消除这些危害。然而,在政府体制不集中,也没有实现集权的地方,政党组织必须强大,因为在这些条件下,必须依靠政党实现法律制定和法律执行之间的协调,这对有序和进步的政府是十分必要的。

我们还需指出,即使政府体制实现了集中和集权,那么存在一个相当强大的政党体制往往也是民治政府和高效行政的必要前提。

在执行机关很大程度上独立于立法机关的地方,与软弱政党相伴而生的政府秩序称不上是民治性的。而在执行机关依赖于立法机关的地方,软弱的政党通常会伴随着低效行政。

因此,在世袭王权不向立法机关负责而政党又过于软弱的德国,立法机关处于从属地位。事实上,立法机关几乎没有创议

权。众所周知,为了防止立法机关行使对皇室议案的否决权,皇室竭尽全力谋取立法机关中大多数人的顺从。国家政党如此弱

德国皇室

小,以至于无法"管理和控制政府"。① 国家政党如此弱小的原因与我们无关,但是无论导致它们弱小的原因是什么,允许存在这种状况的政府体制也不能被称为民治政府。

另一方面,在执行机关依赖于立法机关的地方,存在强大的全国性政党是十分必要的。法国的经验就是很好的证明。在法国,由于立法机关的存在时断时续,强大的全国性政党就没能发展起来。在法国大革命之前,根本就不存在一个真正意义上的立法机关。法国于1789年召开了"三级会议",而在此之前长达一

———————
① Lowell, *op. cit.*, Vol. II, p. 503.

个多世纪的时间里,并未召开过此类会议,当然也就无从知道该采取什么行动了。一些议员认为三级会议应分别召开,而有些人则认为应该一同召开。而只有在这个问题解决后,三级会议才有可能发挥作用。如果在这一重要事件中,情况果真如此,那么不难想象,人们对于其更具体的功能的认识是十分模糊的。

法国三级会议

自1789年召开三级会议以来,法国就没有再继续存在中央立法机构。法国没有建立如同美国或英国那样组织有力的全国性政党,有的只是习惯于共同行动的一群一群的人,他们之所以会结合在一起,要么是出于对地方利益的考虑,要么是出于个人对某位杰出公众人物的效忠。对党效忠在民众和政治家的心目中所占的地位是微乎其微的,之所以会如此,是由地方派系或在地方上有影响力的人造成的,而不是由全国性政党或全国知名人物造成的。像这种政党，实际上没有全国性的组织，也没有起草全国性的纲领，更没有真正的全国性领袖。① 全国性政党领袖实际上是不为人所知的，这些政党只是不同的地方派系而已，他们可能会合作共事，也可能不会。

在此基础之上，曾经试图建立一种政党政府体制，即由获得立法机关大多数人信任的部长们负责政府行政的体制。在这种体制中，共和国总统是一个既不统治也不执政的职位。为了确保各部长的行动协调一致，培养一位凌驾于其他部长之上的部长是必要的。这位部长被称为部长会议主席。部长会议主席与英国的首相不同，因为后者不仅仅是首相，还是控制着议会的全国性政党领袖，而法国的部长会议主席只是首席大臣。他不是全国性政党领袖，原因很简单，就是因为不存在这一职位。他在内阁同僚中的地位与英国首相是不同的。他不是同僚们俯首称臣的上级，只是职位相同的人中地位最靠前的一位。

因为他不是控制着立法机关的全国性政党的领袖，所以法国的内阁总理不像英国首相那样可以依赖于对党的忠诚性。与此同时，他和他的内阁必须获得立法机关中大多数人的信任。说得直白一点就是，这意味着他必须获得大多数选票，并保持住这一态势。那么他应该如何实现这一点呢？首先，他选择拥有一定数量追随者的人作为自己的内阁同僚，从而获得多数选票。当然，不

---

① Lowell, *op. cit.*, Vol. I, p. 106 *et seq.*

考虑他们在一起能否协调工作这一问题是必要的，因为与一起协调工作相比，他更希望获得的是选票。他也希望和同僚们精诚合作，但选票是第一位的。虽然他和他的同僚们不仅必须得到多数选票，而且如果他们希望继续任职，他们还必须一直获得多数选票。部长们为了一直获得多数选票，就要向议员们许诺各种好处，其中一些可能是恰当的，而有些，无论是从善政的角度还是从高效行政的角度来看，都是不恰当的。高度集权的法国行政自然支持分配这些好处，但分配结果却对行政效率造成了极大的损害。

在这方面，意大利的情况比法国更糟糕。这是因为，意大利直到 1870 年才实现全国统一。因此，意大利政党的地方性比法国政党更明显，但其行政却是高度集权的。在一位意大利政治家的描述中，很精辟地阐明了这种政府体制对行政效率造成的危害程度。当时，意大利的铁路归政府所有并由政府经营，但政府不得经营快车业务，因为议员要求所有的火车必须在选出他们的选区内的所有车站停靠。部长们因为害怕失去选票而不敢拒绝这些要求。① 这一事实也损害了这一政府体制下的行政效率，因为每位部长必然会为自身利益而非政党利益工作，政党责任在很大程度上让位给了个人责任。因此，制定协调的内阁政策即使不是不可能，也是相当困难的。

---

① Lowell, *op. cit.*, Vol. I, p. 219.

从政党体制的名称来看，即使这样使法国和意大利的政党体制看似高贵些，但他们的政党体制却是建立在极端唯利是图的动机基础之上，即建立在个人私欲基础之上的。内阁总理挑选某些人作为内阁成员，不是因为他们对党忠诚，也不是因为他们对政治事务的看法与他所持的观点一致，而是因为这些人控制着他想得到的选票。而这些人之所以会有政治追随者，不是因为他们代表特定的政治原则，而是因为他们处于可以分给追随者好处以回报政治追随的地位。

受这些政党领袖控制的议员们，最终并没有将自己的当选归功于选民对党的忠诚，而是归功于他们自己的个人声望。在很大程度上，这种声望是凭借他们过去赠予或承诺将来赠予选民好处而获得的。在法国，最普遍的一种抱怨是，"议员们代表的是地方利益和个人利益，而不是国家利益"。[1]

法国议员是选民的私人代表而不是政治代表，多年前两位议员在一次宴会上描述了他们收到的选区信件，这足以说明这种情况的严重程度。"一些选民希望他们的代表为他们购物；也有一些选民要求代表代为咨询医生；不止一位选民要求为他们找奶妈，因为他们听说这些事在巴黎比在外省会办得更好。"[2]

在美国，这种事情出现在全国性政党占主导性影响的政治生活中是无法想象的。但是，这种情况在美国的大城市也确实存在

---

[1] Lowell, *op. cit.*, Vol. I, p. 136.
[2] *Ibid.* quoting from Scherer, *La Démocratie et la France*, pp. 34, 35.

过，在那里，占主导地位的政党组织主要是地方政党，而全国性政党的地方组织只处于次要地位。在这里，普通政治家之所以会有追随者，是因为他们有个人声望，而不是因为他们代表一个政党。

在选民心目中，地方政治家简直就是他们的救世主。如果事不凑巧，残酷的命运将他们扔进治安法庭，是他将他们保释出来；如果他们拖欠租金，是他借钱给他们；市里发放救济穷人的煤炭，是他让他们领到了一份；当他们失业时，他会为他们的一家之主在城市中谋到一个差使；他们也可能会从城市政府那里为某个公司捞取好处。

如果对政党的忠诚受到了严重损害，那么这种传统的保护人与被保护人的关系必定会出现，如果你喜欢，也可以说成是中世纪封建贵族和奴仆之间的关系。因为政党体制建立在唯利是图的个人利益基础之上，所以它不可能成为一种宽宏大量的、为公众谋福利的行为的基础。与最愚蠢的党派主义相比，它更有可能致使为了阶级或个人利益而滥用政府权力。

当然，狡诈的人会利用组织强大的全国性政党实现腐败和自私自利的个人目的。还有一点也是对的，这种政党只是机器而已，其主要意图是永久存在下去，它的目的已经不再是为了实现最初成立时的目标，而已经沦落成了为政党领袖及其追随者们谋取私利的工具了。与此同时，在一般条件下，组织强大的全国性政党支持在政治生活中实现一些原则，而大多数民众也认为，这些原则的实现是恰当的，也是可能的。

强大的全国性政党的候选人主要效忠于政党，其次是效忠于他们的直接选民。然而，如果当选，人们希望他们能够为选举他的选区的利益服务。为了他们选民的个人利益，或许人们希望他们的主要工作是，实际上也确实是，促进实现党纲中体现的原则。政党向执行机关提出不正当使用执行权力的要求，并不是完全出于自私的动机，在很大程度上是为了使政党永久地存在下去，从而实现政党提出的原则。

就强大的全国性政党而言，促动他们进行政治活动的动机也不完全是出于个人利益。至少在理论上，对政党的忠诚或多或少出于一种理想性动机，但是，实践可能会偏离理论。就地方政党而言，我们有时极力主张将地方政党置于全国性政党的位置上，但政党的凝聚力与理想是完全相悖的。相反，这完全是一种粗俗不堪的东西。

因此，在我们这种不集中而且分权的政府体制中，破坏或严重削弱强大的全国性政党并不是明智之举。的确，作为在美国建立起来和运作的政党，一些严重的弊端相伴而生。但无论从法国和意大利的经验判断，还是从我国大城市的经验来看，妄图以那种个人对地方政党领袖的忠诚为纽带而松散结合在一起的政治组织来代替它们的做法，都是愚蠢至极的行为。

在不破坏或不严重削弱这些政党的前提下，必须采取其他措施。我们已经充分说明，我国政党体制最严重的弊端是行政效率低下以及缺乏对公共意志的回应。我们业已证明，只有承认存在一种脱离政治控制的行政功能，才能获得行政效率。在美国，行政体制的合理集权以及行政官员的长期任职，有助于实现对这种政府功能的认可。现在，政党应该如何更加积极地回应公共意志呢？我们在随后的几章将努力解答这一问题。

第七章　民治政府

经典名句

◆ 对党忠诚是一种基本的行为动机,它逐渐取代了对政治原则的恪守。党祚的延续通常比党最初成立时要实现的目标更为重要。

◆ 为了使政党领导下的政府成为民治政府,政党必须满足以下两个条件:全体民众对其没有信心的政党应该退出对政府的有效控制;失去政党信任的政党领袖也应该退出对政党的有效控制。

◆ 如果政府真的具有民治特征,那么民众应享有的权力应该是,在特定时间内能够强迫不受欢迎的政党退出对政府的控制,以及迫使他们不信任的政党领袖下野,让位给其他更顺应民意的人。

"民治政府是19世纪的政治理想……"

  毫无疑问，民治政府是 19 世纪的政治理想。在这个世纪里，西欧文明国家的政治制度发生了重大变革，这些变革的主要目的就是实现民治政府。这一点可以从民众越来越多的参与政府事务看出来，而且采用的宪法、通过的法律以及采用的政府体制外和宪法规定以外的方法都可以与此相印证。成文宪法是一种较新的宪法形式，在所有拥有这种成文宪法的西欧国家和美国，以及没有此类宪法的英国，这些国家的议会通过的法律都扩大了选举权。

  宪法规定或宪法规定以外的方法变革了政府体制本身，目的是使民众或民众代表拥有更多控制政府实际行为的权力。在英国，内阁政府的建立使下议院成了民众控制政府机构的代表。在美国，与最初基于宪法考虑挑选总统候选人相比，由政党代表大会提名总统候选人的方法使选择总统人选与民众更近了一步。

  然而，虽然民治政府是 19 世纪的理想，但在崇尚这种理想的人中，却很少有人对民治政府的具体表现形式到底是什么样子有一个明确的认识。毫无疑问，大多数人都认为，民治政府应该是这样一种政府体制，在这种体制中，有关政治行为的决策都是民众深思熟虑后做出的决定。然而，同样确凿无疑的是，我们习惯上认为是民治的政府形式，也就是那些只有在极其复杂的生活环境下才出现的政府形式，一般不会为民众提供这种深思熟虑的条件。

在生活条件极其复杂的地方，也就是在人口众多和民族复杂多样的地方，在疆域广袤、财富和知识分配不均的地方，有必要在发展正式政府体制的同时，发展那种多少有些志愿性的政府体制外组织，它可以对正式政府体制施加一种控制性影响。正如洛厄尔先生指出的，"我们只要稍微浏览一下民主的历史就可以明白，在一个泱泱大国，民众作为一个整体不会也不能进行真正的统治。政党的行为或多或少会受公共舆论的影响，但又不完全受公共舆论的左右，事实是，我们被这样的政党控制着……党派纠葛的存在多少会扭曲公共舆论。"[①] 尽管政党是为了实现某些特定目的而成立的，但政党本身却变成了一种目的。对党忠诚是一种基本的行为动机，它逐渐取代了对政治原则的恪守。党祚的延续通常比党最初成立时要实现的目标更为重要。

因为政党的地位非常重要，所以政党领袖作为政治体制中一个非常重要的控制因素，通常要比政府官员更为重要。在很大程度上，这些政党领袖的目标与他们领导的政党的目标是一样的。他们首先必须为党祚的延续而奋斗，因为政党成立之初实现的目标要通过政党这个工具来实现。保持政党的完整性和政党组织的

---

① Lowell, *op. cit.*, Vol. I, p. 69.

权力以及维护成功的政党领袖,对于实现政党的终极目标是十分必要的,这使党员在政党政策的制定中不再发挥决定性作用,只能是修改或否决政党领袖的提议。政见不同、各抒己见的机构只能是一个辩论社团,而不可能展开积极的行动。但是,组建政党是为了开展行动,而不是为了辩论。政党必须通过行动实现某些积极目标。因此,党员必须服从领导而不是进行领导,服从领导的前提是存在有能力的领袖,他们须有能力制定符合党员要求的政策。

现在,为了使政党领导下的政府成为民治政府,政党必须满足以下两个条件:全体民众对其没有信心的政党应该退出对政府的有效控制;失去政党信任的政党领袖也应该退出对政党的有效控制。如果不能满足上述这两个条件,那么政府体制就不能说是民治政府。如果能满足这两个条件,那么除了在最原始最简单的社会条件下,政府在其他任何条件下都能接近于人们一直期望或能够期望实现的民治政府了。当然,在我们所熟知的拥有高度发达文明的国家中,全体民众并不会对公共事务的处理产生重大影响。英国就是一个很好的例子。除美国和瑞士外,人们认为英国政府是现今最为民主的政府了。

经过17世纪的斗争之后,议会逐渐被视为英国政府中的最高权力机关,但议会并没有采取任何措施驾驭政府,从某种意义上来说,议会并没有制定由国王来执行的政策。相反,议会甘愿处于从属地位，只扮演一个负责批准或否决国王所制定的政策的角色。① 威廉三世挑选议会信任的人做他的大臣，试图以此获得议会对他所制定的政策的支持。但由于王权的孱弱无能，这很快就致使由议会来命令国王应该任命谁担任大臣职位。正如洛厄尔先生所言，"因此，本来为国王控制下议院而设计的体制，变成了下议院通过领袖控制国王的工具，下议院和国王拥有的所有权力也就同时落到了同一批人手中，他们同时指导立法和主管行政。"②

威廉三世（William Ⅲ，1650—1702），英国"光荣革命"后的英国国王。

然而，虽然国王被降至只临朝而不理政的地位，但并不像人们开始想象的那样，使民意机构制定政策而由公职人员执行的原则获得采纳。这是因为，正如洛厄尔先生所言，大臣们不仅"主管行政"还"指导立法"。附带说一句，由于他们在政党中处于领导地位，因此他们在决定下议院议员人选的竞选中能发挥重要作用，正如下议院下辖机构的大臣和委员的立法地位是一样的。

当然，大臣们现在集行政领袖和立法领袖的地位于一身并非一时之功。行政集权贯穿于整个19世纪，在这一过程中，这种地位一旦确立，王国的各个地方政府就会附属于中央政府的辖制，大臣随之摇身一变，也就成了英国国王全部旧有权力的继承者，这是

---

① 这就是德国目前所处的状态，在德国，强大的政党并未发展起来。
② Lowell, *op. cit.*, Vol. I, p. 4.

受到英国民众承认的最高领导者,从法律的角度来看,这个领导者有权行使政府的一切权力。

现如今,大臣们将立法权以及中央政府和地方政府的行政权集于一身。他们不但制定政策,而且在这些政策颁布后,他们还负责执行这些政策;只要他们的行动获得了议会(他们本身就是议会的代表)的批准,那么就没有人会反对他们。但是,根据宪法惯例,如果他们并未得到议会的批准,那么他们必须将权力移交给其所制定的政策获得了议会批准的人。最后,为了使议会能够成为越来越多获得选举权的民众的代表,大臣们可以就议会做出的裁决诉诸民众决断;即使议会并没有这样做,但是议会本身按照惯例至少应每7年自动解散一次。

整个英国政府就是以这种方式向议会负责的,而议会又需要向民众负责。这种政府体制的成功运作要求必须有一个强大统一的政党,当某个政党执政时,该党领袖就是政府的大臣。然而,美国政府体制对其政党提出的问题并未在英国出现。国家意志的表达和执行间的必要协调是在政府体制内而不是在政府体制外获得的。此外,前面对此已经有所描述,虽然这种体制并没有试图采纳民主观念,即保证民众或他们的代表有权制定政策,并委托下级机构执行,但这一体制确实保证过,民众代表和全体民众有权否决他们并不赞同的政策,同时还保证,一旦民众表达了反对意见,那么执政的人就应该让位于更符合民意的人。

不仅体制的单一性可以为此提供保证,而且不使用我们惯用的法律条款进行法律制裁也可以为此提供保证。内阁是实现必要协调的机构，但是它却完全没有得到法律的承认；官方从未正式公布过内阁成员的姓名；内阁会议也是非常不正式的，没有保留任何会议记录。

不仅内阁的发展是在法外，而且它过去曾一度被视为非法机构。人们一次次对内阁僭越权力提出抗议。人们将内阁称为阴谋小集团，并指责它暗中破坏英国政府的宪政原则。[①] 尽管遭到了人们的种种反对，但内阁继续发展，直至成为英国政治的真正基石。内阁之所以有能力不断发展，或许应该归功于一个事实，即与其他国家的政府体制相比，英国的政府体制更为灵活。英国政府体制的形式只能由那些只有议会有权变更的法令来确定。法院不能保护它，这其中发生的变化几乎是难以察觉的。一个政府机构可能会执行并未打算执行的功能，或以本来并不希望的方式行事；如果它的这种行为并未受到反对，那么这将被视为先例，由于英国人有尊重先例的传统，所以这一做法很快就会被人们视为宪法的一部分。

对英国民众来说，这种政治体制值得称许，这是毋庸置疑的。该体制可以使政府沿着阻力最小，因而也是最自然的路线发展。而且，这种体制可以使政治在政府组织内获得发展，或者至少在与政府组织密切联系的情况下获得发展，因为在法律影响范围内的

[①] Todd, *Parliamentary Government in Great Britain*, Vol. II, p. 93 *et seq.*

人,即身居公职的人是实际行使政治权力的人,因此该体制具有确保尽职尽责的巨大优势。相对而言,政治责任是比较容易确定的,人们也可以迫使那些没有获得他们信任的政治领袖下台,这一事实使整个体制成了民治政府可以从中获得保障的体制,因为这样不仅可以使政党负责任,而且也可以使作为政府领袖的政党领袖负责任。这种政府责任特征使整个政治体制成了一个尽职尽责的体制。

无论从形式还是从理论的角度来看,美国的情形与英国类似。实际上,如果有区别的话,美国正式的政府体制似乎比英国能确保更大的民主责任。美国正式行政首脑的职位不是世袭的,这与英国国王不同。美国的立法两院都是由民众直接或间接选举产生的,而英国上议院的议员资格都是靠继承获得的。

然而,与英国的实际政治情况允许政府承担的民主责任不同,美国的实际政治情况不允许政府承担同样多的民主责任。美国各州政府的建立证明了民主理想对凝聚力所产生的影响。这就是说,州政府是通过以下方式组织起来的,即政策问题是由民选代议机构——由占相对多数的人选出的立法机关——决定的。这些机构不仅有权否决行政官员向他们提出的议案,而且也有权提出政策,并由自己决定政策的所有具体内容。这些政策由被视为立法机关受托人的其他政府机构执行,但由于这些机构具有独立的地位,所以它们实际上并没有受到有效的立法控制。

现在,虽然各州建立的正式政府体制中实现了民主理念,但是实际的政治实践中却没有实现这一理念。尽管建立在这一理念之上的政府形式一直存在,但这一理念却没有变成现实。之所以没有实现,应归咎于政府运行所依赖的政党组织所具有的特点。

州政府成立时留下了政党组织及其活动的记录,我们掌握的最早记录表明,虽然政府形式上是民主的,但在很大程度上,公共意志的实际确定掌握在少数人手中,这些人运用精明的手段,甚至在一些情况下通过颇受质疑的方式,成功迫使或说服选民服从他们的领导。

戈登(Gordon)在描述美国革命前的政党秘密会议时说①:"它(指的是'caucus'一词)是指一些人,不管多少,聚在一起协商、采纳并执行某些政策计划。这个词并不是新发明的词。五十多年前,塞缪尔·亚当斯(Samuel Adams)先生的父亲和其他二十个人,其中有一两个人来自航运业集中的城北,他们时常聚集在一起召开这种会议,为介绍某些人担任特定的权力职位制订计划。一旦制订了计划,他们就分头行事,利用他们在各自圈子内的影响力开展相应工作。他和他的朋友们自己准备选票,

塞缪尔·亚当斯
(Samuel Adams, 1722—1803),美国独立革命的主要领袖之一,著名政治家,曾任马萨诸塞州州长。

---

① *History of the American Revolution*, 3d American edition, Vol. I, p. 240, note; Quoted from Dallinger, *Nominations for Elective Office*, p. 8.

选票上印有政党的名字,到了选举之日,他们将选票分发下去。他们通力合作,认真广泛地分发选票,这样他们一般都能够按照自己的意愿进行选举。塞缪尔·亚当斯就是通过这种类似方式首先成为波士顿的代表的。"

然而,这种政党体制并没有实现民主理念,全国各地都试图实现政党机器的民主化,以期使其外在表现与我们采用的政府形式所表现出来的民主理念相一致。因此,各地政党组织都做了相应改变。各地的选民都坚持要求必须召开大会,所有的党员都应该出席并提名候选人;或通过政党代表大会选举出代表,以代表他们参加选区大会,这是因为选区过大,所有的党员无法直接提名候选人。

国会议员达林格(Dallinger)在他那部优秀的著作中指出①:"当革命开始的时候,政党秘密会议或政党候选人初选会已经在新英格兰和美国中部各州完全确立起来了。随着战争的结束,政党秘密会议在危急时期所必需的那种秘密性逐渐消失了,演变成了选区或行政区政党选民的小型城镇会议。在新英格兰,除在一些大城市和那些新英格兰人定居的乡村地区外,政党秘密会议仍然保留着最初城镇会议的特征。但在其他各州,随着人口的增多,

弗雷德里克·W. 达林格(Frederick William Daldinger,1871—1955),美国国会众议员,共和党政治家。

---

① Dallinger, *Nominations For Elective Office*, p. 12.

'政党候选人初选会'成了一个选举各政党会议的代表和地方政党委员会成员的投票点了，已经没有任何机会就各候选人的优缺点展开讨论了。由此产生的不可避免的结果是，提名的真正工作在很大程度上落到了'政党秘密会议'① 手中或政治委员会以及政治俱乐部手中——选民的个人权力受到了限制，只能在预先举行的秘密会议一致同意的候选人或此类组织提名的候选人中做出选择。"

在美国，尽管政府具有民主形式，政党组织也具有形式上的民主特点，但政党组织发展的结果是，普通公民的政治功能却被限定了，他们只能对由政党组织控制的提名或选举政治官员或政党官员的提议说"同意"或"不同意"。达林格认为，政党选民在决定政党候选人人选方面唯一真正具有创议权的地方，是在新英格兰的农村地区。在这些地区，人们将候选人初选会或政党秘密会议称为"政党选民的小型城镇会议"，在这种会议上，"选民有机会对候选人的优缺点进行公开讨论"，而且"有机会取消先前政党秘密会议确定的候选人名单"。这些例外情况之所以会出现在新英格兰的乡村地区，原因是不难找到的。在这些地区，我们既可以发现最有利于民主发展的条件，还可以发现，几乎从19世纪开始，当地的政府体制就已经使全体民众都习惯了参与政

---

① 读者不能就此推断在新英格兰不存在政党秘密会议，但是在新英格兰，政党秘密会议只是一个小团体，可以为人们提供讨论候选人优点的机会，一般有机会取消先前政党秘密会议制定的候选人名单，但是候选人初选会只是充当投票点的地方，政党秘密会议是不存在的。

治。但即使在这些地区，我们也会注意到，政党秘密会议并没有销声匿迹，政治活动的实际形式可能并不在于制定候选人名单，而在于使其失效。

因此，美国实际的政治条件与英国的实际政治条件有些类似，因为在表述和付诸实施与政治行动相关的思想方面，民众几乎没有实实在在的权力。

但是，在允许民众使他们已不再信任的政党下野，以及使他们不再赞同其政策的政党领袖辞职方面，美国的体制与英国的体制相似吗？

如果我们只是从政府体制的角度考虑这一问题，那么我们必须立即承认，美国体制是不具备英国体制那种容许对公共意志做出即刻回应的特点的。无论内阁政府有什么缺陷，只要议会指出了民意是什么，那么内阁政府就要确保立即查明民意所在，并使之生效。由于行政首脑的独立地位，被我们称为总统制政府的体制不可能实现这一点。直到宪法规定的大选时，立法机关和行政首脑之间存在的分歧才能得到解决。立法机关和行政首脑是通过不同的方式选举出来的，这一事实使得上述分歧在选举之后马上就存在了。惯例是无法改变成文宪法中确定的政府体制的。按照我们的经验，修正宪法是一种既缓慢而又不可能使政治得到发展的方法。

为了实现各政府机构间的协调，政党必须发展壮大。它们不仅需要自身强大，还必须长久存在，这是因为，如果它们希望在政治行动中实现建党原则,那么就必须努力长期控制所有的政府部门。虽然政党实现了自身的强大,并能够长久地存在下去,但政党也只是完成了美国政府体制委托给它们完成的部分工作。在我们的政治生活中,政府陷入僵局的例子数不胜数,这使我们无法相信,政党做出的努力是完全成功的。

为了完成正式政府体制委任的工作,强大的实力和相对长久的任期对政党而言是必要的,毫无疑问,这会使政党组织无法对政党意志做出快速回应,而这种快速回应正是人们期望政党能够做到的。普通党员不仅无法使政党领袖做出他们所期望的快速回应,而且他们也不希望坚持让政党领袖承担他们期望他去承担的全部责任,因为担心这样会削弱政党实力。在很大程度上,党员的这种不情愿是出于他们对政府体制将重大工作交给政党完成的感激,同时也是因为,他们认为为了出色完成任务,有必要表明他们愿意放弃自己享有的部分政治特权,如果他们的这种行为能够使他们的党成功控制政府的话,他们就很乐意这么做。正如国家处于危难时,公民愿意谅解在和平时期无法容忍的政府专制行为一样。因此,面对美国政府体制引起的严酷政治竞争,党员甘心忍受政党领袖的某些行为,而在较为安定的环境下,他们会毫不迟疑地对此表示憎恨。

因此,美国目前的政治体制并没有像定义的那样,能够完全满足民治政府的要求。首先,它轻易不允许撤销已经失去了民众信任的政党对公共事务的控制权。其次,当党员不赞成政党领袖提出的政策时，它也没有赋予党员按照自己意愿轻易改换政党领导的权力。

"美国目前的政治体制并没有……能够完全满足民治政府的要求。"

如果说是选民使我们的政府体制成为民治政府的话，那么有人可能会这样辩驳，民众选举时拥有的实际权力仅仅是在几位候选人之间做出选择，可能这些候选人都不是他们心仪的人选，如果其中某位候选人当选，他也没有权力确保他会一直实行民主政策。如果政府真的具有民治特征，那么民众应享有的权力应该是，在特定时间内能够强迫不受欢迎的政党退出对政府的控制，以及迫使他们不信任的政党领袖下野，让位给其他更顺应民意的人。除非政府和政党都满足了上述条件，否则任何政府都不会被看作是民治政府。

英国实行的方法可以确保在政府组织内实现这一点，虽然这一方法是否适用于我国还值得怀疑,但不可否认的一点是,英国采用的这种方法具有很大的优势。我们应该在我国的政府体制之外和政党之内仿效做同样的事。对政党管理的不满以及近来独立选民阶层的发展表明,民众已逐渐意识到,我国真正的政治体制,并不是政府体制的考察者在考察之初所认为的样子。人们对候选人初选会的改革方法越来越感兴趣,这更进一步表明,那些民治政府的卫道士攻击的重点与其说是正式政府体制,还不如说是政党组织。

第八章　党魁

经典名句

◆ 政治上失意的人会将其失败归咎于不正确的原因，认为那些反对他们的人之所以会成功，是由于不负责任的领导在背后玩弄阴谋诡计，而实际上，这些人是因为获得了民众支持才成功的。

◆ 在当前体制下，政党是防止出现无政府状态的唯一手段，也是发展进步的唯一途径。

◆ 英国的伟大进步并不在于她造就了一个沃波尔，而在于：造就了沃波尔之后，她看到了自己杰作的缺陷，并着手进行补救，直到造出了一个皮特、一个帕麦斯顿和一个罗伯特·皮尔爵士。

◆ 所有使政党负责的尝试都要考虑到这一事实，即必须使政党对民众负责。

沃波尔在议会

美国政治体制的特征已经不只是发展强大而高度集中的政党了；它近年来日益明显的一个特征是，各州和地方组织中的政党已经落入或正在落入某个人之手。对于那些从广义上被看作是政治问题的问题而言，对此深入思考过的大多数美国人将这种趋势或运动——因为在这个国家的某些地区，这可能仅仅是一种趋势，而在另外一些地区，则足以被称为一场运动——视为一种大不幸，认为它预示了民治政府的土崩瓦解。的确，普通的美国民众对民治政府具有非常浓厚的情结，即使那些已经获得了像政党领袖一样巨大声望的人，也很少能够当选由美国民众授予的职位。正是因为政党领袖意识到了人们怀有这种情结，所以他们很少利用在政党组织内拥有的不容置疑的权力攫取竞选职位的提名，而是选择不会经过普选严峻考验的职位任职。或者，他们根本就不想在政府或正式政党组织中担任职位。虽然他们自身表现得虚怀若谷，但是大家都心照不宣，知道他们在社会中拥有最广泛的实权。就像《圣经》中的百夫长一样，他们对政府内外的所有仆从说，"'做这个'，于是他就去做了"。

如果我们记住是政党控制着立法机关和行政机关，是政党领袖或我们习惯上称之为"党魁"的人控制着政党，那么我们马上就会明白，美国的政治体制赋予了党魁什么样的统治地位。在外部形式上，尽管这些无冕之王既不执掌权力，也不管理，但是，即便他们不是美国正式民主和民治政府中最重要的因素，那也是最重要的因素之一。他们操纵着法律的制定和制定法律后的执行。正如霍勒斯·E. 戴明（Horace E. Deming）所言："'国父们'本着实现多重目的而构想的立法机关的审议功能已经完全不复存在了。它像总统选举团那样自动记录第三方的意志，但却很少记录自己的审议结果。立法机关的形式得以幸存，但是实质和精神已经消失殆尽……立法权由一个人或一个自行设立的团体，通过名义上仍然是民众代表的傀儡予以行使。"

百夫长（《圣经》故事图）

此处对法律制定的描写同样可以恰当地用于描述法律的执行。在美国的多个大城市中，拥有广泛任命权的市长由民众选举产生。但当选的市长显然是根据党魁的命令行使这些权力，因为党魁是通过操纵政党机器提名他做市长候选人的。

上述分析是对美国许多地区的政府运作的准确描述，很少有人会否认这一点。一些研究者以不偏不倚的态度研究政府，摆在这些研究者面前的问题并不是"这种情况是如何发生的"，也不是"它是否符合我们的民主政府理念"，而是"这是否是一种顺其自然的发展，甚至在某种程度上是大势所趋"。

要回答这一问题，我们还必须更进一步问问我们自己，在我们看来，党魁究竟处于一种什么样的地位呢？他只是一位政治领袖吗？抑或不止如此？在我们的研究中，我们不能因为党魁不符合民主思想就抱有成见。这是因为，民主思想可能并不是适当的思想；也就是说，它可能建立在错误的人性观念之上，或许它不适合人类生活目前无法达到的那种理想状态——现在肯定不具备这些条件，只有经过多个世纪的努力和发展后，才有可能具备这些条件。

同样，党魁用以攫取或保持权力的方式不应过多影响我们对党魁的存在是否适当的看法。这是因为，政治发展一般是借助于信手拈来的手段实现的，从个人道德的角度来考虑，不必过于较真地去辨别这些手段是否正当。我这样说并非意在表明不道德的政治手段不会受到谴责，而只是想表明，实现政治发展的手段都是经不起审查的。我们往往会忘记，人之为善，方能流传后世，然而莎士比亚则不这么认为。许多政治制度最初被认为行为有失公正，但后来则被视为是最有益的制度。人类的发展史为我们提供了诸多只有历史学家才能洞察其邪恶想法的例子。情况往往如此，上帝会让受到惩罚的人赞美他。正如福特（Ford）指出的，"在英吉利民族的政治中"，或许也可以说在所有民族的政治中，"与一般事务相比，伦理观对公共事务实践的控制并不比它多。他们的制度并不是由规则规定形成的，而是不断发展起来的，它们植根于民族精神并在发展环境中形成了自己的特色。等到时机成熟，这种发展就具备了自己的道德秩序，但这一发展过程的发现却源于后人的评说，而那些曾以自己行动支持过为后人所称赞的这一发展过程的人，却极易遭到人们的强烈抨击。尽管如此，有些政治家仍然能够忍受因履行职责而招致的谩骂，此类政治家向来不乏其人。"① 如果我们记住了这一点，我们就会仅仅将党魁作为一种值得研究的政治现象来公正地看待。

那么，什么是党魁呢？首先，党魁是美国政党制度中发展起来的一种政治领袖。没有人会质疑这一事实。我们已经考察过美国的政党制度了。由于美国政府体制中对执行国家意志的机构缺乏有效的政治控制，而且由于存在极其分权化的行政组织，所以政党制度必须承担起大部分政府体制下本应由政府完成的大量工

---

① Ford, *Rise and Growth of American Politics*, p. 84.

作。需要选举大批官员的事实以及立法机关——就其性质而言，这一机构是很不负责任的，如不严加控制，这一机构就会沦为一个辩论社团，无法有效采取行动——所拥有的显著地位致使工作量激增。正如我们已经指出的，由于这一制度让政党负荷了巨量工作，致使党内极其强大的组织发展起来。政治影响力的重心也从政府转向了政党。从政治的角度来看，政党组织的实力和持久力已使它自身变得不负责任。

这就将党魁不负责任的问题摆在我们面前了。党魁是拥有巨大影响力和权力的政治领袖，仅就这一点而言，这个问题对研究政治学的学者来说是无足轻重的。它仅仅是指出了所有政治体制在发展过程中出现的一种非常明显的趋势而已。但党魁不负责任却是一件更严重的事情。因为自从有政治组织开始，人类就一直在与不负责任的权力进行斗争。开诚布公地承认需要政党领袖是一码事，而政党领袖不负责任则完全是另一码事。

但是，党魁对美国民众不负责任的实际情况可能有所夸大。情况往往如此，政治上失意的人会将其失败归咎于不正确的原因，认为那些反对他们的人之所以会成功，是由于不负责任的领导在背后玩弄阴谋诡计，而实际上，这些人是因为获得了民众支持才成功的。与此同时，正如我们曾经不止一次地指出过的，美国的政治体制并未使责任的确立变得容易。

正式的政府体制具有一个特点，即政府官员对政府政策承担的责任并不明确，仅就这一事实而言，往往很难构建起负责任的政府。因为对于责任而言，如若责任存在的话，那必定存在于政府的外部或在很大程度上反映政府状况的政党之内。从其他角度看，不管制衡的政府体制具有何种优势，选民们都难以使官员们对此负责。因为在这一体制下，很难对政府官员已做或未曾做的具体事项追究责任或奖掖功绩。因此，选民们必须依靠政党，遵守党内惯例，恪守政府时刻都不允许的行为，但是，民众之所以能够忍受党内的这些条条框框，是因为民众本能地感觉到，在当前体制下，政党是防止出现无政府状态的唯一手段，也是发展进步的唯一途径。

既然承认政党是不负责任的，政党领袖——党魁——也是不负责任的，那么自然而然产生的问题是，怎样才能让政党和党魁都承担起责任呢？为了回答这个问题，明智的做法是，详细考察有政党领袖的国家中政党领袖的成长之路，考察这些国家为使政党领袖负责任而设计的方法。

议会制政府表现出了两种截然不同的类型。一种是德国式的，国王既统且治，而议会或民治机关，如上所述，则仅仅是对这位统治权威即皇帝的提议予以否决或修正。政党在这一体制中发挥的作用，正如洛厄尔在谈及德国政党时指出的[①]，"是消极的，而不是积极的，它们并不掌管或控制政府，而只是对措施进行批评或修正"。在这一体制下，对国家政治领袖——皇帝及其

---

① *Op. cit.* II, p. 503.

大臣们——的建议提出敌对性批评或予以断然否决,都不会造成领导人倒台的后果。这一类型的议会制政府不需要政党领袖,因为政党实际上并无立法创议权。政府中的党魁或政治领袖会发现,在这样一个政府组织中,由皇帝和大臣们来领导就足够了。

另一种议会制政府类型是英国式的。不仅国王只是统而不治,而且主政的大臣名义上是由国王挑选的,实际上则是由国王为组织内阁而"委派"的大臣挑选的。按照惯例,挑选的结果应与下议院多数人的意见一致。从理论上来说,尽管国王挑选大臣是由国王自己决定的,而实际上,则是由大臣自身的政治能力决定的,即具有受到公认的作为下议院多数党领袖的政治能力。而由他挑选出来的内阁大臣们虽然理论上也是由国王自己决定挑选的,但实际上,这些人是议会两院中出任内阁大臣会为"政府"增添最大力量的人,在这里,人们往往将内阁称为"政府"。①

据说,挑选彼此融洽的内阁大臣的做法是由威廉三世(William III)首创的,他选这些人作为内阁大臣,是希望他们能够对控制议会提供最大助益。但是这一举措最终使国王受制于议会,因为通过使这些大臣向议会负责,议会统揽了立法权和行政权。如果政府的行为不合其意,那么议会就会表示出不满,进而

---

① 用"government"(政府)一词表示英国的内阁以及用"administration"(行政机构)一词表示美国的总统内阁并非偶然。前者通过控制议会制定和执行法律,后者则只执行国会制定的法律。前者不仅要执行国家意志,还要表达国家意志,而后者则只执行国家意志。

迫使内阁大臣辞职。从英语的字面意义来讲，"政府"对议会完全负责，如果议会向民众负责，那么整个政府也就对民众完全负责了。

然而，在这种政府形式刚开始发展时，议会甚至对当时已有的小选区是不负责的，内阁大臣们行事起来也并非总是协调一致，尽管协调一致后来成了英国内阁的特色。议会的代表性和内阁的协调一致性形成得较为缓慢，而且与政党领袖即"党魁"的发展有着紧密联系，由此可以做出一个合理推论，英国拥有的民治政府是以其政党政府为基础的，而政党政府又是以党魁为基础的。

尽管威廉三世采用的政府体制最终使国王受制于议会，但是，那些受到国王尊崇而获得大臣职位的人，起初也都是为了使议会从属于国王，这也正是国王的本意。他们为达到目的，采用了我们今天毫不犹豫会痛斥为腐败的手段。毫无疑问，在18世纪和19世纪早期，国王和大臣们肆无忌惮地恩赐官职和封赏金钱。整个城市政府首先被国王操控，但是，伴随着国王在乔治一世（George I）和乔治二世（George II）时期逐步退出参与政府活动，市政府紧接着又被政党领袖操控了，他们这样做是为了保证能够在下议院中占据多数席位。

近代英国新闻业已成为塑造公共舆论的重要工具，而它的起源则可以从各位政党领袖为左右选民所做的努力中找到。①

为了使议会顺从，是国王首先使用了那种现在我们称之为腐败的手段，正如我们所指出的，即使国王放弃权力，让位于议会，也绝不会摒弃这种手段。斗争已不再是国王和议会之间的斗争，而变成了两大党派之间的斗争，它们之间的斗争开始明朗化，目的是为了控制议会，进而通过议会控制政府。实际上，当国王和议会斗争时，腐败是否像以后那样普遍和广泛，是值得怀疑的。

格林（Green）② 在谈及乔治一世继位之初的那段时期时说："控制议会的卑劣手段不会被忽视。辉格党将大量金钱都挥霍在保证对一小撮腐化选民的垄断上了，而这一小撮腐化选民大部分是由自治市代表组成的。议会贿赂的开销更是肆无忌惮。腐败并不是由沃波尔肇始，也不是从辉格党的大臣们开始的，而是

约翰·理查德·格林（John Richard Green, 1837—1883），英国历史学家。

---

① 波里特（Porritt）先生说过："虽然新闻业的旧形式保留了下来，但是对政府而言，它的成本非常昂贵，因为一个人办的报刊根本没有能力发展。从1731年到1742年间，沃波尔政府向《自由英国人》（*Free Britons*）、《每日新闻》（*Daily Courants*）、《地名录》（*Gazetteers*）等报刊的文章作者和印刷商支付了50,000英镑之多；据《查塔姆趣闻轶事》（*Anecdotes of Chatham*）的说法，在乔治三世时代的前三年中，只在同类出版物的写作和印刷上就花费了30,000英镑"（参看其文 "The Government and the Newspaper Press in England", in *Political Science Quarterly*, Vol. XII, P. 669）。

② *History of the English People*, Vol. IV, p. 125.

伴随着权力移交给下议院而产生的，王政复辟时期就已经开始了。权力的移交非常彻底，下议院在国家中具有至高无上的地位；虽然他们将自己从王权的束缚中解放了出来，但是他们对民众并不是完全负责的。只有在选举时，议员才会感受到公共舆论的压力。议会活动保密本来是为了防止王权干预辩论，而现在则被当作防止选民干预的防范措施。无限的权力与完全免于承担责任的自由是一对怪异的组合，这一组合对大部分议员而言却成了一种自然产物。一张选票弥足珍贵，以至于不给予酬谢就不投票；议会的支持要用权位、津贴和现金贿赂才能买到。"

正是在这块因腐败而丰饶的土地上，英国式党魁发展起来了。内阁制的发展播下了种子，而为这颗种子浇水的人是罗伯特·沃波尔爵士。如果要说哪个人创始了某项政治制度的话，正是罗伯特·沃波尔爵士创始了英国式党魁。就像在其他类似的例子中一样，他的成功一部分应归于有利的条件——正是这些有利的条件使党魁的发展成为必然——另一部分应归于他在管人方面具有出色的能力。尽管他遭到政敌百折不挠的反对，而且经常是来自不同党派的反对，但历经两代君王，他依然是英国政府的首脑。

沃波尔一方面高度重视英国的福利，另一方面，他生活的时代正是英国历史上的困难时期，他采取了在那个时代可以推行的最明智的政策，就他为维护自身的权力而采用的手段而言，沃波尔完全不同于理想主义者。正如格林对他所下的论断："他那直来直去的良好判断力撇开了人类情感中富有诗意和性情暴躁的方面,却转而求助于他讥讽为'孩子打架'般的那种更高尚、更纯粹的行为动机。对于那些将社会公德和爱国情操挂在嘴边的年轻议员们,他的善意回答是:'你们很快就会扔掉这些,从而变得更加睿智'。"他曾对议会的一些议员们做出过一个著名评论:"人人都有自己的价值",这句话道出了他对自己在政治生活中接触到的那种人

罗伯特·沃波尔(Robert Walpol, 1676—1745),第一任奥福德伯爵,英国辉格党政治家。一般认为,罗伯特·沃波尔是第一任英国首相。

类天性的评价,也道出了他坚信可以求助于那种行为动机的看法。他对针对自己的腐败指控不屑一顾,他曾在一次演讲中说:"指责我腐败的陈词滥调无足轻重;因为自从有政府以来,这就是那些不得志者和心怀不满者常用的遁词。"像其他所有指控一样,尽管这种控告捕风捉影,但是如果用来反对最好最无私的政府,用适当的狂热和假装的热情对公益推波助澜,也一定会得到民众的拥护。①

不过,沃波尔的性情和公开言论中带有的玩世不恭的习气,而且他还通过腐败手段操纵政府,这一定会激起那些道德观念尚未泯灭的民众的反对。在他的大部分职业生涯中,可能是因为民

---

① Coxe, *Life of Sir Robert Walpole*, Vol. III, p. 129.

众的反对在实际效果方面徒劳无功,正如格林所言,"与使英国政治蒙羞相比,这种反对更具有派性和无原则性",而这种反对是由两派势力联合发起的,一派是"失意落魄"的谋官者,自诩为"爱国志士",另一派是理想主义者,沃波尔称之为"小子们",这两派分别由普尔特尼(Pulteney)和威廉·皮特(William Pitt)领头。他们反对的不仅是沃波尔的

威廉·普尔特尼(William Pulteney,1684—1764),英国政治家,辉格党人,第一任巴思伯爵。

政策和方法,更主要的是反对他妄图一手包揽政府所有大权的野心。

威廉·皮特(William Pitt,1708—1778),英国著名政治家,1766—68年任首相。

克拉伦登(Clarendon)早在沃波尔时代之前就认为,首相这个概念在英国很不受欢迎。① 即使沃波尔本人到了1741年也憎恶首相头衔,认为它玷污名声。② 就在同一年,"上议院向国王提出动议,请求'永远罢黜沃波尔爵士的现任职务和枢密院任职'。在这场辩论中,上议院含糊其辞地断定,在过去的十五六年里,沃波尔使自己成了'唯一的内阁

---

① Todd, *Parliamentary Government in England*, II, p. 152.
② Ibid.

大臣'。但这一指控遭到了上议院大法官哈德威克（Hardwicke）的反对，因为这是对国王公正性的怀疑，认为国王可以听任任何人或大臣蒙蔽其视听。"① "这一动议被绝大多数人否决。随后，一份抗议书存入了由 31 名贵族签名的议事录，这些贵族在抗议书中宣称，他们坚信'唯一或甚至首席大臣的职位并未在英国法律中予以规定，这与本国的宪法相抵触，对任何政府自由是一种毁灭'，'显而易见，罗伯特·沃波尔爵士多年来一直如此行事……臣等有无可推卸之责任向国王陛下提出最卑微的忠告，呈请国王罢免这个对国王和国家如此危险的大臣。'"② 虽然这场辩论并未致使沃波尔免职，但却导致他在下一次选举中落败；他辞职在很大程度上是因为人们反对他做党魁。

克拉伦登伯爵（Edward Hyde, 1st Earl of Clarendon, 1609—1674），英国著名政治家、历史学家。真名为爱德华·海德。

在沃波尔丢掉官职以后，英国在此后的许多年里都没有首相。正如托德（Todd）所言③，"直到 1783 年小皮特（Pitt）担任这一职位，首相在政府中的最高权威才受到同僚的完全承认；作为一个自然结果，由各部门管理政府（government by departments）

---

① Todd, *Parliamentary Government in England*, II, pp. 157—158.
② *Ibid.* II, p. 158.
③ *Ibid.* II, p. 151.

小威廉·皮特（William Pitt the Younger, 1759—1806），英国政治家，曾两度出任英国首相，(1783—1801年，1804—1806年)。

的做法也寿终正寝了。"从沃波尔卸任到小威廉·皮特接任期间，一些大臣的职位确实比同届其他大臣的地位更重要或更突出。比如老威廉·皮特以及后来的查塔姆（Chatham）伯爵。但是沃波尔卸任之后，政府操控于辉格党之手，"他们在职位上表现得毫无建树，但却在互相倾轧和阴谋诡计上胜人一筹"。①

伴随着小威廉·皮特于1783年上任，首相的概念也牢固地确立了起来。由各部门管理政府的制度是受到公认的制度，但在1781年，这一制度却在议会中遭到了抨击。诺斯勋爵（Lord North）称之为坏体制，他认为，"应当由一人或内阁统辖整个政府，对各项措施予以指导。"② 托德先生在对我们现在所理解的首相职位的发展进行总结梳理之后，说它"为议会政府的发展和完善做出了巨大贡献……通过平缓的渐变，君权政府下的君主个人权威不再重要，而代之以议会政府下首相的最高权威"③。

换而言之，不负责任的领袖、国王或宠臣已经让位于负责任的领袖或首相，他不仅要对议会负责，而且像议会对民众负责一

---

① Donne, *Correspondence of George III.*, I, p. 37, quoted from Todd, *Ibid.* II, p. 159.
② Todd, *Ibid.* II, p. 170.
③ *Ibid.* II, pp. 171—172.

样，他还要通过议会向民众负责。托德先生补充说，"正如首相当前行使的职权，在我们的政治体制中，需要将权力和责任交到君主和国家都信任的人手中，首相职位则是这种需要的明证和结果……但是，说来也奇怪，这一职位在法律上并没有规定，宪法也没有对此做出规定……首相只是内阁的成员之一，国王对他信任有加，并且认为，将政府

诺斯勋爵（Frederick North, Lord North, 1713—1792），英国首相（1770—1782年）。

最高指挥权委托给他是合适的。但是，不管多么需要或多么有名，首相人选的选择仍须看作是私下的共识问题，因为并没有明确任命某位政府成员为首相。"①

通过对英国首相职位发展的简短梳理可以看出，这一职位发端于英国政治史上最腐败的时期之一，其发展在很大程度上也是源于这种腐败；因此英国民众对此的敌意最大——确实，敌意如此之大，以至于那位（从他使用的手段来说）比任何人都负责，也被视为英国最腐败的政治家之一的沃波尔曾愤然否认他是一个首相。在他倒台后，英国试图在没有首相的情况下继续发展，但是，正是在这种环境的压力下，英国不得不承认沃波尔的主要思想是正确的，并且不再去摧毁党魁——因为党魁其实就是首

---

① Todd, *Ibid*. II, p. 174.

相——而是使他负责；在达成这一目的之后，获得新生的负责任的党魁现在被视作现代议会制政府必不可少的因素之一。

但是我们应该记住，最初的英国党魁，比如沃波尔曾经担任过的职位，与当今英国首相有着天壤之别。沃波尔使用的方法从我们的简短描述中可以知晓，如果将沃波尔的方法与当今首相所使用的方法做比较，可以使这一问题一目了然。沃波尔的方法包含了阴谋诡计、贪污腐败以及败坏性地滥用政府权力，因此，他的成功在很大程度上可以归于他在这个方面无与伦比的能力。首相现在采用的方法更多的是，他与同僚们在受到承认的内阁会议上采取具有研究性质的方法。的确，这些会议是秘密的或者非官方的，实际上，一般是在私人宴请的场合下进行的，并未留存记录。毫无疑问，一方面，英国内阁中许多成员的个人意见不得不屈从于大多数人的意志或服从首相提出的政策纲要，另一方面，在许多情况下，必须做出让步妥协，对于个别大臣而言，这可能意味着要牺牲原则，同时，为实现政策协调而采用手段不再具有腐败性，如果历史可信，那么沃波尔使用的手段则具有这种特点。为了获得期望的和必要的协调不再需要诉诸这些下流手段，因为首相的权力已经得到了承认。在沃波尔时代必须偷偷摸摸地以不光彩的方式做的事情，现在可以正大光明地通过行使公认的权力来做。这一点最终通过帕麦斯顿勋爵（Lord Palmerston）和约翰·拉塞尔勋爵（Lord John Russell）之间就拿破仑三世发动政变展开的那场著名论战而得以解决，当时，约翰·拉塞尔勋爵

帕麦斯顿勋爵（1784—1865）1860年在英国议会下院演讲。帕麦斯顿勋爵的真名为亨利·约翰·坦普尔（Henry John Temple），此为尊称，曾两度担任英国首相。

在议会上宣读了一张字条，大意是，女王陛下希望，从今往后，大臣不得下发任何未呈交给女王陛下御览的公文。帕麦斯顿勋爵对此拒不服从，因而导致其离职。这段插曲的意义在于坦率地承认了英国党魁的权力，并使首相制度真正具有了合法性和合宪性。

不仅第一位英国党魁设计的方法改变了，其地位也变化很大。诚然，沃波尔本人并非完全不负责任。他最终被驱逐出权力中心的事实就是一个明证。但是，在遭到极力反对的情况下，他仍然用腐败手段使自己在位20年。他通过这

约翰·拉塞尔勋爵（Lord John Russell，1792—1878），英国辉格党人，自由派政治家，曾两度担任英国首相。

第八章 党魁 153

样或那样的方式收买议会议员，控制了议会；而且在议会选举时又玩弄手段控制了议会选举，从道德的角度来看，这些手段并不见得有多好。虽然沃波尔倒台后任命的议会委员会并没有找到指控沃波尔严重腐败的证据，但他确实腐败堕落了。与他最亲密的传记作家中的一位说过："沃波尔犯有行贿受贿罪，他动用财政部的资金获取政治支持，而且他在多数派组织中的卑劣行径都是不可否认的。"① 广为流传的看法是，腐败对促成他的倒台产生了主要影响，因为政治氛围已经开始变得清新。卫理公会的复兴正是王政复辟暴行之后英国生活风气改变的证明，因此沃波尔的手段受到非难也就在所难免了。正如格林所言："'爱国志士'们的'高谈阔论'既含糊不清又空洞无物，但是这表明，清教主义瓦解之后对高尚情操和雄心壮志产生怀疑的那种政治犬儒主义即将终结。如果不是有一种新的道德力量，一种新的社会美德意识，一种新的宗教意识一直（不过有点盲目）涌动在英国人的心里，公众早就充耳不闻那些对内阁腐败的斥责了。"②

当然，沃波尔的垮台并没有使政治的清明立竿见影。实际上，直到1832年《改革法案》通过后，现代政治理念才开始被普遍接受。在此期间，内阁和首相的责任问题得到了很好的贯彻落实，1832年的改革也使议会本身对民众负责了。自从1830年以来，英国政治发展进程以两个最重大的进步为标志：一个进步

---

① Ewald, *Sir Robert Walpole*, p. 455.
② *History of the English People*, IV, p. 145.

是，凡是与国家普遍利益相关的，整个行政体制须服从内阁和首相的控制；另一个进步是保证公众意志获得最自由的表达。

1832年《改革法案》是英国在1832年通过的关于扩大下议院选民基础的法案。该法案改变了下议院由保守派独占的状态，加入了中产阶级的势力，是英国议会史上的一次重大改革。

首先，正如我们已经指出的，行政已经实现了高度集权。之所以必须这么做，是为了将英国从泥沼中拉出来，因为控制地方政府的地方部门和上层社会自私自利，使英国陷入了泥沼。这一工作已经从落后的法制行政开始，随后会相继在市政、卫生行政、警政、学校行政以及一般的地方政府体制中展开。

这一运动产生的结果是，不仅使地方行政纳入中央行政的控制之下，最终使之处于议会的控制之下，还极大地提高了整个英国行政体制的效率。贫民的数量在减少；死亡率大幅度降低；城市政府获得的成功可能是其他国家中所没有的；犯罪人口的比例越来越小，可以说也是其他国家所没有的；免费义务教育的优势惠及了国内所有儿童。①

长期以来，文官制度是具有政治影响力的平庸懦弱之徒的庇护所，是控制选举的重要因素，它已经被重组，不输于当今世界上的任何一种官员制度。它已经不再是政治的玩偶，而是变成了一种有效的行政工具。

其次，通过授予民众投票权，越来越多的人认可了民众共享公共意志正式表达的权利，因此，议会和大臣借助于议会变得对民众负责了。为了保证投票的秘密性和防止选举中出现舞弊行为，先后通过了一项又一项法令。英国的整体公共生活风气已经为之改变了。

这些变化是由一种坦率的承认产生的，即不管政府的外在形式如何，也不管它如何体现民治，党魁或领袖是绝对必要的；这种变化也是由如下决定产生的，即：不是要毁掉党魁，而是要使之对民众负责。正如当今的历史研究者认为君主专制政体是政治发展的必经阶段一样，民治政府的研究者认为党魁的发展不仅是必要的，而且也是有益的。诚然，君主专制政体为了确立和维护自身统治而采用的手段通常是专横而残暴的。由此，党魁发展所借助的手段似乎不可避免地也是腐败而残忍的。

然而，我们应记住的是，尽管党魁是必要的，尽管他们采用

---

① See Maltbie, "English Local Government of Today," *Columbia University Series*, etc. Vol. IX, No. 1.

的手段不可避免地既腐败又残忍，但是党魁在实际发展过程中无法摆脱腐败却是完全有可能的。我们应谨记，对于一些民族而言，君主专制政体不仅是使事情变得更好的垫脚石，它也是一项永久的制度。正如我们现在看到的美国党魁，他们在政治道德的天平上保持原来水平还是有所下降，这在很大程度上取决于他是否仍然不对民众负责任。英国的伟大进步并不在于她造就了一个沃波尔，而在于：造就了沃波尔之后，她看到了自己杰作的缺陷，并着手进行补救，直到造出了一个皮特、一个帕麦斯顿和一个罗伯特·皮尔爵士。

罗伯特·皮尔爵士（Sir Robert Peel，1788—1850），英国著名政治家，两度出任英国首相。

因此，尽管我们习惯上认为党魁在美国的发展也会伴随着腐败，而且很多人都像沃波尔的情况一样被夸大了，但是它本身并没有这么危言耸听，我们必须记住，党魁像现在这样不负责任明显是对民主制度的一种威胁，如果任由他的腐败发展，那就会毁坏我们政党组织的基础。既不负责任又腐败的政府已经存在很久了，而不负责任的政府往往又会蜕化成腐败的政府。从"民治政府"这个词的真正意义上来说，如果它变得既不负责又腐败，那么它不可能长期存在下去。

另一方面，要记住两点，一是不管从何种字面意义上来说，英国最严重的腐败并非民治政府体制的特征，二是这种滋生不负责任党魁的政府体制的腐败在多年内不可能被消除，对那些信任民治政府和它所包含的一切的人而言，这两点也许是他们的慰藉之源。沃波尔在任二十年，直到他退职半个世纪以后，英国的革新才开始。革新终于来临了。

如今，政治变革自然而然地进行得更快了，但要使党魁变得负责任、变得不再腐败仍需要很多年。然而，为了使他们负责任，使他们不再腐败，对于所有希望由一个良好政府为现在这种改革或那种改革而奋斗的人而言，他们有必要永远牢记，最终目标不是要毁掉党魁这一制度，而是要使他对公共意志负责任。在这种斗争中，有必要做一些可做之事，像毁掉沃波尔一样毁掉某个党魁，但是，除非历史无法重复，否则因此而倒台的党魁将会被另一个党魁取代，他会从自己前任的经验中汲取智慧，这样他的理念就更加接近于真正的民治政府理念，更能成为一名负责任的政党领袖。

迄今为止，我们必须承认，通过考察英国首相的发展，并没有说清楚使美国党魁负责的问题。诚然，我们已经看到，英国国王的权力由议会接掌后不久，党魁就迅速发展，党魁通过议会改革以及使议会对民众负责，已经变得对民众负责了。这种责任在正式的政府体制中得到了确立，更确切地说，在与正式政府体制的紧密联系中得到了确立。因为英国首相甚至现在仍未以任何方式获得法律承认。但是他占据着这一公职，因而作为一名官员，他是可以被收买的。然而，他不仅是一位官员，还是一位政党领袖，他的政党控制着下议院。他一旦在下议院或在议会选举中失去本党信任，那么他的政党将会迅速失去民众的信任，那么他就不再是党魁了，必须让出职位。如果对他的职位进行分析就可以看出，他担任这一职位应归于政府组织为协调公共意志的表达和执行所作的规定。既然情况如此，那么政治风暴的中心就是政府机关，即议会。就政党而言，他们努力奋斗就是为了控制议会。实现了这一目标，政党的任务也就完成了。

美国现在尚不具备这些条件。我们的正式政府体制并未通过政府机构对国家意志的表达功能和执行功能的协调一致做出规定。与之相反，这样组建起来就不可能实现协调一致。也就是说，选出立法机关后，党的工作仍未完成。它还必须选出一系列执行官员，不仅包括国家和州的，还包括各地方的。不仅如此，由于执行官员和立法官员的任期并不同步，这使得即使一个政党在一次选举中选出了所有官员，这一政党也无法完全控制政府。因此，美国的政治风暴中心不在政府，而是在政党。所有使政党负责的尝试都要考虑到这一事实，即必须使政党对民众负责。做到了这一点，党魁将会在其堡垒内受到攻击，从而被迫投降。通过这种方式，也只有如此，我们才有希望看到我们的政府由服从民众控制的政党领袖来领导。

第九章　政党与政党领袖的责任

经典名句

◈ 要以诚实而公平的方式管理政党事务，在很大程度上，有待于靠每个党员的自身努力来实现。

◈ 作为拥有公民身份的公民，不仅应享有与一个政党一起活动的权利，还应被赋予从党外提名候选人的权利。

◈ 与其说民主政府实现的是民众对官员的审慎选择和对政策的积极决定，还不如说实现了否决权和更换政党领袖的权力。

美国总统山

上文指出，如果政府体制具有民治特点，那么美国的政党就不会像理所当然的那样对民众负责，因此，美国的政党领袖很难服从民众的控制。上文还指出，要使政党领袖驯服，就必须使政党负起责任。那么问题自然而然就显现了，即如何实现这一点呢？要回答这一问题，我们必须谨记是什么造成政党不负责任的。

造成美国政党不负责任的第一个原因，可以在要求政党所做的工作中找到。至于这些工作是什么，我认为已经充分描述过了。政党在美国政治体制下所做的工作，在其他政治体制下是由正式政府组织承担的。但是政党做这一工作的原因可以在政府体制自身的特点中找到。也就是说，政党之所以要做这些工作，是因为这样构建的政府无法做这些工作，而如果政党不做的话，我们就会处于无政府状态。进一步而言，正是因为政党不得不做这些工作，所以政党组织才如此强大，而且只要政党必须做这些工作，那么政党组织就仍可能像现在这样强大。

换而言之，如果我们要对政党组织进行大规模变革，那么我们的政府组织就不得不进行稍微的变革。实际上，业已表明的是，我们的政府体制在过去已经有所变革，而且现在也正处于变革之中。我们还可以看出，在联邦、州和市政府中有一种趋势非常强烈，即摆脱19世纪中期那种行政分权体制，而朝着行政集权的方向发展。

因为组建政党是为了运作政府，所以政府组织的变革一定会对政党产生影响。这种变革将会减少要求政党完成的工作量，由此也可以降低对政党组织实力的要求，这一要求在过去使民众认为对党忠诚和与党保持一致至关重要。诚然，美国的政党评论家不会注意不到，近些年来，选民改变自己的党籍越来越容易。许多人认为，无党派的投票人数在不断增多，影响力在不断增强。与其他城市相比，这一现象在那些变革明显朝着行政集权发展的城市中尤为突出。

放松对党的忠诚是近来政府向行政集权发展非常合乎逻辑的结果。在以前，选举的官员比现在要多，一个人分投选票实质上是一种政治自杀性犯罪行为。为了使制定法律和执行法律协调一致，立法机关和所有的行政机关应由同一政党控制，这是很有必要的。如其不然，中央和地方层级的行政机关可能会做出许多取消法律的事来。不仅立法机关和行政机关必须保持一致，各种执行机关也须保持一致。如果由一个政党选举一位官员，另一个政党选出另一位官员，那就会产生冲突和矛盾，而这又将使政府瘫痪，无法采取行动。

这种走向行政集权的运动不仅会放宽对党忠诚的约束，还能解决政党的责任问题。它能做到这一点的原因是，当行政权集于一位官员之手时，与体制分权以及不同行政官员任期不一致的情况相比，政党在选举中会更好地加强对政府的控制。比如，如果政党在城市中选出一位对官员拥有很大任命权和控制权的市长，那么政党就会获得巨大的权力，因为在执行权力时也会被认为非常负责，而如果政党选出一位任命权较小的市长，其他众多城市官员均由选举产生且在不同时间选出，那么政党获得的权力就会小得多。在选举拥有很大任命权和控制权的市长的特殊时期内，可以说，政党的责任具体体现在市长的选择上，而正是这一事实使政党负起了责任。也就是说，将政党的责任解除，而置于正式的政府组织之中。

我国政府体制中的另一项变革会对减轻政党工作发挥重要作用，从瑞士的经验可以看出，这个变革就是越来越频繁地运用全民投票（公投）。瑞士存在着全国性政党，这些政党的工作都较少，原因有很多，其中之一是因为行政机关完全从属于立法机关，但是，他们的政党组织不是很强大，政党机器也极其简单。[1] 全民投票于1874年引入，在对重大问题进行决策方面，这种方法似乎已经对减轻政党工作产生了影响。正如洛厄尔先生所言[2]，"不仅不同的政治团体在全民投票中无法施加决定性影响，而且制度本身也往往会运用多种方式降低政党的重要性而增强其稳定性。"在他看来，这一结果应归因于如下事实：它"往往会分解

---

[1] Lowell, *op. cit.*, p. 313.
[2] *Ibid.*, II, p. 326.

政治问题，从而避免了民众对执政党整个政策做出评判"。"我们没有必要在各对立党的政治纲领之间选择，并全盘接受其中某一方的政治纲领。因此，通过允许民众选举出一个代表，随后又反对他提出的任何他们不喜欢的措施，全民投票就这样使政治纲领丧失了其重要性。"

当然，公投在多大程度上适用于美国国情，这是一个很严肃的问题。与瑞士相比，美国的国情比较复杂。与美国相比，瑞士的财富分配要更平均，普遍存在的团体规模也更小。在瑞士的国情下造就一个极其民主的政府要比在美国更有利。然而必须承认的是，在公投方面所做的努力已经产生了巨大优势，因此我们完全有理由相信，更多地借助于这种方法将会对减轻政党当前工作产生有益影响，从而使政党对公众意志做出更加积极的响应。

不过，尽管为了减轻政党的工作做了很多事情，但是，在美国政府体制像这样轻易就可以确保政党完全承担责任之前，仍有很多事情要做。只有比当前更多地借助于公投，只有整套行政体制很好地集中于一位服从立法机关有效控制的行政官员之手，才能达成这一效果。美国在不久的将来是否会具备这一条件，颇让人怀疑。确保立即普遍采用全民投票的前景并不光明，而且我们也不能指望立即就抛弃权力分立的基本原则以及由此产生的行政机关服从立法机关的结果。

当然，毫无疑问，我国行政体制已经实现高度集权，但是总统和国会之间的关系却缺乏协调一致，这种协调一致的缺失不可能一下子就能得到补救，可能随时都会出现这样的问题，尤其是在总统任期中期更容易产生这样的问题，因为整个众议院当时都在进行改选。参议院议员的任期也可能会产生这样的问题，很少能有总统在其整个任期内与国会两院的议员任期同步。

在我国的州政府中，出现这些冲突的所有可能性都是存在的，另外，州政府中执行部门的重要领导大部分都是选举出来的。不仅他们是选举产生的，而且在许多情况下，他们的任期与州长的任期并不一致。因为就所有情况而言，他们的选举与州长选举并不是同时进行的，即便同时进行，他们的任期也是不同的。而且州长对他们并没有监督和控制的权力。任职方式、任期、选举日期以及行政部门与立法机关之间的关系均是由宪法规定的，尤其是针对联邦政府的规定，是很难修改的。在我国的政治制度中，政党的工作在未来相当长的一段时间内必然与现在别无二致。我们不能抱太大希望的是，在城市之外要求政党所做的工作会大幅度减少。

政党不负责任的第二个原因，在于我们赋予政党的地位。大量的工作已经移交给了美国的政党，而且这些工作似乎需要很多年才能完成，这实际上就使政党成了一个最重要的政治机关。然而，政党在很大程度上是一个按照自身制定的章程进行管理的志愿性组织，这些章程实施与否取决于少数操控政党机器的人能否获得好处。一般来说，法院拒绝对政党进行任何控制。

法院的这种态度可以在胡克（Hooker）法官对"斯蒂芬森诉

选举委员会委员案"（Stephenson v. Boards of Election Commissioners）的判决意见中找到。① 他在提到密歇根州的政党政治时指出："在我们的早期记忆中，政党政治从来就是一种尔虞我诈和玩弄权术，并不总是那么正当合理；而当难题出现时，就让民众来解决。不管资格审查委员会的选举如何公平，我们并不认为它解决问题有多么恰当；毫无疑问，权宜之计或政治的迫切需要左右了其行为，使之摒弃了纯理论上的正义。"通常而言，补救措施要么是反对无法让人满意的党内候选人，而在党内选出反对派候选人，要么是选民拒绝支持候选人；这些补救措施一般也都差强人意，而法院则非常谨慎，不干涉这些补救措施的应用。

亚当斯（Adams）法官在"雷德蒙案"② （In re Redmond）中指出，《选举法》"以多种方式认可了所有的经验教训——在我国政府体制下，国家事务是由政党代表这一媒介来管理的。出于必要，政党必须在一定范围内为自身的行为和管理制定某些规章制度，这些规章制度被称作'政党机器'一点都不为过。毋庸置疑，这一机器常用来达成个人和派系目的，有时也用来压制被认为是代表政党大多数人的看法，挫败他们的希望。然而，如果没有政党机器，政党就无法生存，如果暴虐地使用政党机器，或为了不正当的目的而使用政党机器，那么纠正这些弊病的权利和权力无疑应属于政党本身。"政党代表大会的决议"可能不公正；

---

① 1898 年由密歇根州最高法院判决，载于 76 Northwestern Reporter, 915。
② 25 New York Supplement 38.

它可能会直接损害既定的公平性，正如律师在理论上所争论的，不理睬这一裁决，而坚持党内组织不对任何较小的党内组织进行监督控制，或许这样做是正确而恰当的。但是，如果将这一理论付诸实践，就会破坏党纪，就会使政党沦落为分散且不负责任的乌合之众。我们争论的这些章程在志愿性组织中不会找到，但恰恰相反，正是'组织'这一概念暗示了对秩序的认可以及对正式权威机构的服从。我们从上述评论中必然会得出如下结论：如果一个人加入某个政党，那么他就要心照不宣地承认忠诚于党的所有章程，在这里，这些章程是由党的惯例所承认的组织最高权威或高级权威来阐发或表达的。认可这一原则并不是要强迫别人盲目服从政党命令，或者是将选票投给不胜任或者不称职的候选人，因为他仍然拥有与党永久脱离或暂时脱离关系的不可剥夺的权利；如果他拥有众多渴望他当选的追随者，那么认可这一原则不会阻碍他按照法律规定成为某个职位的候选人。但是，除非他首先获得了政党的正式提名，否则他不能自称是政党的提名候选人或代表。而构成正式提名的，正如我已经指出的，要取决于政党自身的惯例，而不能取决于被法院或法官看来是公正和恰当的规章制度。"

  这件案子的真正判决要点在于，在州的政党代表大会上，党内两个代表团会就提名他们的会议合法性进行辩论，大会对此做出的裁决将被法院视作最终的决定。①

1896年，纽约州《选举法》进行了修订，它规定：如果党内发生了分裂，两个或更多的派系要求获得同一徽标或名称，州政府秘书长应当对这一冲突性要求做出裁决，"应优先将徽标或名称交给正式设立的政党机构所承认的党代表大会、初选会议或委员会。"《选举法》的这一条款后来提交给了纽约州最高上诉法院。② 州政府秘书长裁决，任命一个叫费尔柴尔德的人为共和党在国会第16选区的众议员候选人正式代表，而纽约州最高法院法官撤销了这一裁决。最高法院的裁决受到了最高法院上诉分庭

---

① 《澳大利亚式投票法》赋予了法院决定政党提名合法性的权力，这一法律在纽约通过后，其中一些法官就表现出对一些案件行使审判权的趋向，尤其是对党内最高机关仍然未对辩论作出裁决的案件。"伍德沃斯（Woodworth）案"就是一个很好的例子，参看16 New York Supplement，147。在这一案件中，涉及一位法院书记官的任命，需要将两位竞争候选人中一位的名字写在正式选票上，法院对提名候选人的初选会议的合法性进行调查，然后做出裁决。这一法院裁决后来受到了普遍认可（64 Hun, 522，也可以参考19 New York Supplement, 525）。尽管在每次州党代表大会以及每次司法区、众议员选区和参议员选区的党代表大会上会发生这些案件，但是人们忽视了对这些案件的判决，并且认为只有反对派才是唯一合法的政党代表。情况就是如此，最高法院在开庭审理特殊案件之前，这一问题会再次产生，可以参看"波拉德案"，25 New York Supplement，385。

在这种情况下，根据初审时那位法官所写的判决意见，法院裁决由党内最高机构来判决。这位法官指出，"就党的代表大会而言，在经过审慎而公正的听证之后采用这种一般意义上的裁决只是出于礼貌，可以说考虑的细致周到，但是并没有办法强制他们这样做，因此在我看来，在这次辩论和类似的辩论中，法院和法官采用的判决只能干预党内部门尚未做出合法性裁决的问题，其中，在权威性这一点上，要承认党内部门优于出现竞争的部门"。当然，如此一来，在做出裁决的过程中，诚信问题就无从谈起了。采用不同的裁决不可避免地会引起政党组织和法院在先前法院审判中出现的问题上产生不恰当的冲突，而这一后果如果可以避免的话，本来是完全可以避免的。

② 有关报道见151 New York，359。

的认可，但却被上诉法院撤销了。尽管上诉法院承认其裁决是基于特别开庭期（special term）与法官司法管辖权相关的技术性原因，但是在法官个人意见中，还是对一般性问题的意见进行了讨论。判决意见书中指出："本案中，国会选区的大多数代表是否支持费尔柴尔德的提名，仅仅取决于韦斯切斯特县第二州议员选区五位代表的选举是否合法。在这个选区，州议员选区的党代表大会依法召开。但是在组织会议之前，代表们之间出现了分歧，于是就组织了两个不同的政党代表大会，每个大会都选举了第六选区州的党代表大会代表、司法党代表和众议员党代表。当召集州的党代表大会时，这两个政党代表大会选出的代表都在州委员会和州的党代表大会中出现了，而且都要求在州的党代表大会中拥有席位。由此产生的竞争首先交由州委员会进行听证，经考虑再三，州委员会裁决，选出支持费尔柴尔德提名代表的政党代表大会是合法且正当组织起来的地区政党代表大会，它选举的代表也是正式和正当选出的代表。后来，这一异议又提交政党代表大会进行听证，最后党代表大会得出了相同的结论。"

"法律的效力，以及法律条文对官员就这些问题做出裁决的约束力有多大，对法院或法官就这些官员做出裁决进行审查的约束力有多大，在这个问题上，最高法院曾经做出过不同且相互冲突的裁决——一派坚持认为，政党代表大会或政党机构做出的裁决无足轻重；另一派的大概主张是，在裁决政党代表大会合法性问题上，官员和法院应以合法政党机构的行为以及它对这一问题的裁决（如果确实有这样的裁决的话）为依据。我们认为，后一派的主张实现了法律的明显意图和目的……我们认为，在涉及政党代表大会程序问题和委员会合法性问题的案件中，这些问题不是由法律规定的，而是由党的习惯和惯例规定的，那些被要求对这些问题做出裁决的官员应遵循合法政党机构的裁决。法院在审查这些官员的裁决时，不得以任何方式干涉这些裁决。我们认为，相反的规则会与法律的精神和目的相抵触，如果让法院承担一些不幸而令人为难的诉讼，那么产生的结果就会与大多数政党选举人的意志完全不符。"

因此，在纽约，党内高级机关或最高机构对提名合法性进行裁决的决定性问题可以被认为是解决了。但仍不明确的是，纽约州法院采取什么行为才不会遭受上一级政党机构先例判决的损害。①

纽约上诉法院承认党内最高机关裁决的最终性和结论性，肯塔基州法院与它的意见一致。在"凯恩诉佩奇案"（Cain v.

---

① 请参看"克林顿法院书记官案"（*In re* Clerk of Clinton County）（纽约州最高法院在特别开庭期进行了裁决，载于 48 New York Supplement, 407）。本案认为，与良好的品行、公函或成文法的精神不相违背的惯例，就是政党代表大会的规则。党的惯例通常是，由县委员会主席宣布召开代表大会。因为少数派玩弄阴谋诡计，县委员会常务主席的注意力被转移到其他事情上了，于是，一个属于党内少数派的人宣布召开了大会，并宣布来自这一派别的人当选主席和书记官。书记官被要求用口头的方式投了自己派别的代表一票，在十分钟内，会议就解散了。尔后，县委员会主席宣布召开了大会，可以认为仍然是那些人召开了合法的代表大会，这一派被提名的人占据了政党的选票，而其他派别被提名的人则被排除在外。

Page)① 中，从初选的结果报告来看，凯恩获得了六七十张选票的大多数；但是，佩奇向民主党县委员会正式提出了异议，因为他已经收到了法定选票的最高票数，因此提名证书颁发给了他。委员会由此遭到了起诉，被强制要求重新开会，并在撤销佩奇的提名证书之后，对由此产生的异议进行听证和裁决。这一诉讼的根据是，一个名叫奥尼尔（O'Neal）的人作为委员会的一员参与了对这项异议的裁决，而根据党规，它并不是该委员会的一员。在州党代表大会上，委员会和奥尼尔的行为曾经获得最高机关的批准。法院宣称："我们认为，州党代表大会的这一行为，是对奥尼尔委员会作为上述选区中民主党最高管理机关的最终承认，但是面对这种行为和承认，法院是不能超出权限的。而被告则认为，尽管奥尼尔在最初组建委员会时并不是委员会成员，但是党的惯例授权使奥尼尔当选为委员会主席，从而使他成为委员会成员。从州党代表大会的行为来看，这个问题是无关紧要的。那个代表大会的意见就是民主党的意见。代表大会的命令就是党的法律，法院无法超越这一命令或法律，因为没有其它的了。律师对州党代表大会在党组织中的权威进行质疑，就好比是穆斯林怀疑《古兰经》，或基督徒怀疑《圣经》。"

人们将来会认识到，纽约州上诉法院的裁决是在解释一项法律，实际上是授予了州政府秘书长裁决哪些机构是合法权威机构

---

① 由肯塔基上诉法院于 1897 年 10 月做出裁决，载于 42 Southwestern Reporter, 336。

的权力。但是在大部分案件中,并没有法律条款对这一问题做出规定。法律只是规定,所有曾在上次选举中推选政党代表候选人的政党代表大会,都可以为公职提名;并且还规定,法律意义上的党代表大会是选民和代表有组织的集会,这个党代表大会代表的是,在举行这样的大会之前的最后一次选举中,获得一定百分比投票的政党。

在这样的法律下,经常会出现竞争性的敌对党代表大会并存的局面。因而问题就产生了,即在该党的正式名目下,将每个党代表大会候选人的名字列在正式候选人名单上,那么法院应该如何采取行动。

有关这一问题的最佳案例是"斯蒂芬森诉选举委员会委员案"。[1] 法院在本案中裁决,选举委员会委员无权接受一方的候选人名单,而拒绝另一方的候选人名单;双方的候选人名单都应印在选票上,政党正式注册的名称应列在候选人名单的上面,除了提供证书上所包含的内容之外,不能添加其他内容或特殊标志。[2]

另一类似案件是由科罗拉多州裁决的[3],法院宣称:"为了使双方的候选人名单都印在正式选票上,向法院书记官出具双方候选人名单的证明正是他(州政府秘书长)的责任。在实现这一目标的过程中,对立派候选人的功绩将被提交给民众,在我们的政

---

[1] 由密歇根最高法院判决,载于 76 Northwestern Reporter, 914。
[2] See also Shields v. Jacobs, 88 Mich. 164.
[3] See People v. District Court, 18 Col. 26; 31 Pacific Reporter, 339.

府体制下，民众这个法院必须对这些问题做出最终裁决。有结论认为，在这种情况下，州政府秘书长应该向法院书记官出具这两组提名书的证明，从而使之印在正式选票上。这一结论与解释原则是一致的，即在对双方的解释存在疑问的情况下，法院应该为公民投票提供更大的自由度。"

在"费尔普斯诉派珀案"（Phelps v. Piper）中[1]，法院宣称："立法机关并未提供裁决这些争议的方式。政党是具有某种政治目的的志愿性组织。他们确立了组织自己的章程，受组织自身惯例的支配。选民可以按照自己的意愿制定、调整或废止这些章程。这一问题最终必须由选民们做出裁决。实际上，选民组成的政党是可以对竞争的派别或竞争的组织做出最终裁决的唯一机构；这个问题实质上是政治性问题，而不是司法性问题。法院负责对任何案件展开调查，会调查政党的管理方式及其惯例，也会调查政党的主张；负责排除正式选票上由组织提名的候选人名字（其中，这个组织是指一部分或者大部分选民表示愿意效忠的政党，它被认为是政治主张和政党管理的代表者），而这对于选举自由、选民自由以及我们对法院应怀有的那种敬畏和尊重也是同样危险的。我们甚至怀疑，立法机关是否有权授予法院这种权力。但可以肯定的是，立法机关还没有授予这种权力。"[2]

---

[1] 48 Neb. 725; also reported in 67 Northwestern Reporter, at 755.

[2] See also the case of State v. Johnson, decided in Montana and reported in 46 Pacific Reporter, 440.

然而，在一系列案件中，主要是发生在科罗拉多州，要求法院在审查政党机关的裁决时拥有很大的权力。因此，在"塔普斯诉克里尔案"（Tapps v. Krier）① 中，法院认为，政党委员会建立选区是为了给予居民在党代表大会中的代表权，那么这一选区党代表大会代表的选票就不应被政党会议主席排除在外。

在"利格特诉贝茨案"（Liggett v. Bates）② 中，政党会议在召集通知规定的地点召开，由县中央委员会主席宣布会议开始，在选举出临时主席之前，他接受了休会并迁往另一地点开会的动议，他宣布这一动议已经通过口头表决的方式通过，并拒绝接受不同意见。法院认为，会议的大部分代表留下来，并提名官员组成真正的党代表大会，然后宣布休会的做法是非法的。

1898 年 12 月，一桩涉及相同原则的案件由内布拉斯加州最高法院做出了裁决。③ 最高法院在本案中认为，在 28 名县委员会成员中，由政党选定其中 4 名，这一公职提名是无效的，因为委员会会议召开时间和地点的预先通知并未发给其他成员。

因此，各个州法院做出的裁决在这一点上反映出了一些矛盾。一些法院，比如纽约州法院和肯塔基州法院，主张党的最高机关做出的裁决具有绝对的结论性和最终性；而另一些法院在政党派系发生争议的案件中，则拒绝做出裁决；最后，还有一些法

---

① Decided in the Supreme Court of Colorado, December, 1898, reported in 55 Pacific Reporter, 166.
② Reported in 50 Pacific Reporter, 860.
③ This is State v. Smith, reported in 77 Northwestern Reporter, 584.

院,尤其是在党的最高机关尚未做出裁决的情况下,对政党的提名采取了一定程度的控制。

然而,或许可以说,在大部分裁决中,政党领袖管理政党事务的行为并未受到有效的司法控制。要以诚实而公平的方式管理政党事务,在很大程度上,有待于靠每个党员的自身努力来实现。这只能靠坚持不懈和艰苦卓绝的奋斗才能实现,一般而言,要取得这种妙不可言的成功,需要奋斗者付出大量的时间和努力。在这种情况下,一条亘古不变的真理是,成功的桂冠只能给那些愿意为该奋斗事业奉献全部时间的人。而那些只希望从中捞取一些实际好处的人则会声名狼藉。这些人以不正当手段追求权力,肆无忌惮,这在很大程度上是因为这一程序性方法并未受到法律的有效限制。

为了控制政党机器,最常采用的不正当方法有两种。一种方法是,保证出席对政党领袖有利的政党会议。另一种方法是,如果碰巧出席的会议不利于他们控制,那么他们就会在大会选票计数时故意欺诈。保证出席对政党领袖计划有利的提名会议最常见的策略是,在估计不会有许多代表出席的时间和地点举行政党会议。或者不全面广泛地发出会议通知,或将会议定在党员一般不知晓或很难到达的地方召开。在引用的案件中,有一个案件似乎已经表明,在这类引人注目的案件中,法院拒绝承认这种行为的正当性。①

他们还试图通过这样或那样的方式阻止选举那些他们不想让其当选的人，通过"重复计票"或其他类似欺诈行为增加有利于政党领袖的不正当投票数。有的地方规定要对党员数量进行登记，这种党员登记一般都包括很多人名，甚至包括那些已经死亡的人，这些人实际上没有权利投票或者已经不能对党的管理再发表什么看法，而有些人尽管可能具备投票资格，这些人也会因为不愿意投他们票而被排除在外。尽管党的章程规定，党员登记应接受全体党员的审查，但是在许多情况下，对于那些不赞成政党领袖而希望获得登记信息的人而言，并非完全不可能，那也是相当困难的。真正的党员被擅自从名册中除名了，或者名册上虽然有他们的名字，却不允许他们投票，这种情况屡见不鲜。党员登记不仅变成了一场闹剧，也成了政党领袖继续控制权力的一种手段，而这与大多数习惯在选举中与政党保持一致的人的期望是背道而驰的。事态的发展已经达到了这样一种程度，只有剥去了"党员登记是代表党"的所有伪装，党员登记才能获得所谓的"净化"。但是，这个净化过程是在操纵政党机器的人的监督之下实施的，因此在实际条件下很难带来真正的改变。

然而，在许多案件中，甚至纽约州法院也认为，他们将为那些被不合理地排除在党员登记名单之外或希望查询登记情况的选

---

① See State *v.* Smith, *supra*, p. 220.

民提供帮助。因此在"格斯案"(*In re* Guess)①中,法院认为,只要一个人宣誓拥护该党以及遵守党规,并在上次选举中支持该党候选人名单,而且打算在以后继续支持该党的信条和候选人,那么法院就应该发布执行令,强制要求政党组织将他登记在册。上诉分庭②也认为,为了党的利益,在对城市中已经注册的选民进行登记时,党的章程应规定党员登记可以公开接受任何党员的审查,党员的审查权包括对可以找到的名单进行复制的权利,对复制的规定是,他不能占用不必要的时间或干涉其他党员审查的权利,这是执行令强制要求的。

在其他案件中,根本就没有对党员登记进行规定,但是,在政党会议上,进行投票依据的原则是所有的党员资格必须确定,如果某个党员的资格没有明确确定,那么允许对其进行质疑,这一质疑也可以通过宣誓来解决,如果要行使投票权,需要宣誓证明自己是真正的党员。

最后,不管是否规定要求进行登记,党员资格是由党组织决定的,也就是说,是由操纵政党的少数人决定的,规定的条件一般是,将那些在上次选举中没有投票给本党候选人的人拒之门外。政党往往非常忙碌,不仅忙于全国官员和州官员的选举,这是因为组织政党就是为了选举,而且还忙于地方官员的选举,这

---

① 该案由纽约州最高法院于 1896 年在特别开庭期做出裁决,38 New York Supplement, 91。

② See People *ex rel*. Scire *v*. General Committee, 49 New York Supplement, 723.

是因为全国与地方的政治联系紧密。从理论上来说，为了使一个人有权利在全国和地方官员的提名人选上与政党保持一致，那么必要的条件是，他应该在上一次政党选举中投票给该党在地方的提名候选人。然而，虽然许多人赞同政党在全国或各州的政治活动，但是他们却未必赞同政党的地方性政治纲领，反之亦然，因此他们根本不可能参与政党的管理，于是，一小撮人就这样年复一年地操纵着政党机器，几乎攫取了政党的全部代表性。

毋庸置疑，为了阻止其他选民参与政党管理而采取的其他手段都具有欺骗性。这些手段包括"重复计票"和计票时弄虚作假。从理论上来说，这些行为都应受到谴责，但是通常都不违法，这是因为，政党是一个志愿性组织，缺乏有效的公共监督。那些掌控政党机器的人任命接收和计算选票的官员，因此，如果实际投票结果不利于他们，那么他们有权安排公布让他们最满意的结果。

因此，纽约州认为，法院不会审查一个政党的县委员会在某个选区选举某个人做主席的裁决。① 在这一案件中，有人向法院提出了申请，要求通过诉讼文件移交命令对抗议的裁决进行审查，而法院认为调取卷宗是不可行的，这在很大程度上是由技术原因造成的。

法院在裁决过程中指出："在决定政治组织指导下的选举是

---

① See People *ex rel.* Trayer *v.* Lauterbach, 7 Appellate Division Reports, 293.

否合法时,并没有要求这一政治组织根据法定权限执行。该州的选举法为举行初选会制定了规章制度;法律规定,政党领导层秘密的预备会议和党代表大会中的腐败行为属于轻微犯罪;但是,这些法令条文并未规定为县委员会设立由法律授权的司法官或司法小组对提交给它的事实进行听证或裁决。为了授予法院司法权,使其能够在法律程序中审查这一裁决,这样做是非常必要的。县委员会按照有利于它本身的证据行事,并没有将原告选为这一组织的主席。县委员会组织章程第八条规定,所有与选区官员或竞选委员会委员选举有关的争议都由上诉委员会展开调查,并由县委员会做出裁决。这次存在问题的选举已由上诉委员会展开正式调查,并由县委员会做出了裁决,因此,从法律程序上而言,我们并没有权力复核这一裁决。"

由于操纵政党的反对派格外谨小慎微和积极努力,即使他们成功地防止了那些没有资格的人投票,并切实保证了诚实的计票,造成了对他们有利的结果,但是,因为那些在党代会中要求得到支持的竞选代表团使用阴谋诡计,他们的努力也往往会付诸东流。这是通过政党领袖处于政党高层所拥有的权力实现的。事实上,所有对党领导人裁决的申诉仅仅是递交给党的上级机构,对申诉做出的裁决一般也是对政党管理层有利。我们在上面已经指出,这些裁决一般都不接受复审。

下面是人们必须面对的事情中的一个例子,这些人信任政党政府,并热衷于参与政党的管理,但是却对政党机器不满意。下面这段话是从美国某个大城市中一次针对某个全国性政党的党员所作的讲话中摘录的。它这样讲道:"政党机器已经丧失了……信任……这是因为存在臭名昭著的不良行为,即党员登记大部分是弄虚作假的,任何清查登记名单的努力都受到了阻挠,申诉在大多数情况下被驳回,甚至也不予听取;还因为,除了与政党领袖保持一致的人以外,检查登记名册的人一概被拒绝,甚至那些遭到政党领袖反对的政党提名候选人也遭到了拒绝。党代会代表被阻止检查组织党代会时使用的初选名单,也不许检查作为选举代表依据的各选区登记名单。由党组织指定审查代表资格的委员会会驳回各种抗议,并拒绝对弄虚作假的登记和舞弊选举提出的指控展开调查。在党组织内,这种滥用行政权的行径以及这种操控手段的存在,使得代议制政府和多数人统治的原则实际上已经荡然无存。这部组织机器被滥用,击垮了诚实的选区代表,被用作执行少数人的意志。"

驱逐可恶的政党领导人的努力一再失败,其自然结果是,导致那些加入政党领导班子的最优秀的人弃权了。在一些情况下,这些人如此愤怒,以至于他们试图通过投票选举反对党的候选人来非难政党领导班子。但是,这样做的后果通常只是使另一个政党上台执政,而由于两个主要政党的管理思想是相同的,所以要使政党领袖服从政党意志是徒劳无功的。

以下列出的是美国现行政党体制存在的主要弊端。第一,与政党会议上投票人员的确定有关;第二,与投票的计数方法有关。这些弊端起源于被视为志愿性组织的政党没有受到有效的约束和控制。进而言之，这些弊端是在公选时期暴露出来的，是政府通过越来越加强对选举的控制解决的。重复计票、非法从外地移入选民、向票箱里大批塞票以及计票弄虚作假等问题曾一度是美国各州选举的乱象。在有些州中，通过了与选举登记、监视投票以及检查投票有关的几部最严厉的法律，这些弊端在这些州里几乎绝迹。贿赂和威胁选民曾经一度非常普遍。《澳大利亚式投票法》尽管没有使这些弊端消失，但却极大地降低了其发生的次数，而人们则认为，只要适当修改一下，使投票绝对保密，那就会完全杜绝这些弊端。

由此自然而然产生的问题是，将初选的方法用来解决公开选举问题，会产生相同的效果吗？首先，让我们分析一下党员登记问题。政党自身感觉需要这类条款，并尝试在党的章程和法规中规定使用某种登记制度。然而，到现在为止，在这个方面所作的努力依然不见成效，我们认为，这在很大程度上是因为，只要党员登记或注册控制在这种不受法律惩罚和处罚——换句话说，不受公众监督——的纯志愿性组织手中，那就没有办法贯彻遵守制定的章程。在其他情况下，也曾做出不遵守就惩罚的规定，试图以此使政党组织的规章制度具有法律制裁力。这些努力也收效甚微，主要是因为，虽然人们没有遵守这些并非由公共组织而是由私人组织制定的章程，但法院和法官都不愿意将它作为犯罪行为来惩罚。进而言之，这样的章程是不恰当的，因为它们是由私人组织制定和执行的，自然不能像政府机关制定的法规那样保证公平。

有一些州，以肯塔基州和纽约州为例，认为这些条款是无效的，这些州对政党的选民登记进行了法律上的规定，从法律上承认政党是政治机构，他们朝着这个方向已经取得了长足进步。① 这是通过赋予公民权利实现的，即在进行投票登记时，赋予他表明自己归属于哪个政党的权利。声明自己归属于某党派的人的名字，以及在正式登记之后，按照法律规定专门登记的那些人的名字，就构成了政党为初选而注册或登记的名单。

从原则上来说，肯塔基州采用的方法与其他州的方法是一样的，加利福尼亚州就是一个例子。在加州采用的方法中，那些被看作是公职人员的初选官员，必须接受所有人的投票，即那些现在宣誓真正愿意支持政党提名候选人，并与之一起行动进行投票的所有人。我们已经指出，这种方法在原则上与肯塔基州法律规定的方法是一样的。这就意味着，这两个州都开诚布公地采用了这一原则，即政党不是私人组织，而是公共组织，对于每位享有公民权的公民而言，不管他过去的政治行为如何，都有权利归属某个组织。在每一种方法中，这一权利都是受到限制的，因为没有人在某一特定时间内可以同时归属于两个以上的政党。在州对公民提供的保护下，通过迫使政党承认这种权利，确保了公民最

---

① Dallinger, *op. cit.* 185, New York Primary Law of 1898.

终能够行使这一权利。

如果政党被看作是一种真正的政治组织的话，那么用这一方法解决这一问题是不可避免的。这是因为，如果政党是一个政治组织，那么党员身份和参与活动的权利就应该受到保护，就如同为参加公开选举而赋予公民登记权利所受的保护一样。如若不然，那么在选举中，公民投票权的价值就被剥夺了一半。选民的权利仅仅是在两个或三个候选人之间做出选择，而他们对提名却无发言权。如果投票权真有实际意义，那么投票者应该享有的，不仅是所说的只能从两三个候选人中选一个，也应可以不选择所有提议的人选。如果选民仅仅是被允许在公开选举中投票的话，他自然也就无法享有这种权利。如果能保证选民在投票和选举时都有投票权，那么他就可以享有这种权利。只要任何私人组织机构不承认选民的党员身份，他就不能享有提名权。

有些人抱有一种想法，认为政党是私人组织，而不是政治组织，这种党员登记办法，即确定党员身份的方法自然是不会受抱有这种想法的人欢迎的。与这种人讨论其好处是无济于事的。论述虽然已经很充分，但仍可能无法说服这些人，但不管怎么说，我们希望能使这些人思考一下政治制度发展赋予政党的巨大工作量，而且，当他们考虑政党在政治制度中的真正地位时，他们的头脑中可能会产生如下质疑：他们的态度是否正确。还有一些人，虽然他们不倾向于坚持政党的私人性或志愿性，但他们仍然有种看法，认为这种确定党员身份的方法会被滥用，因为这种方法允许那些不是真正党员的人对党的活动加以控制。我们必须承认，这种反对意见并不缺乏说服力。不过，我们仍应该谨记，这一反对意见的主要理论基础在于，党员身份是由过去的行为决定的，而不是由现在的意愿决定的。如果这一理论被采用，那将会严重限制公民的权利，因为这预示着，在选举时，选民只能在几个全都有异议的候选人之间做出选择，他们并没有因为公民身份而享有更多的权利，而且在挑选这些候选人时，选民也没有发言权。不管怎么说，如果选民在选择候选人时被排除在外，那么选民的选择就不是真正的自由选择。

　　反对意见则认为，这种方法为一个党的党员操纵另一个党的提名提供了机会，这一反对意见不仅是基于以上提到的党员身份的错误观念，而且还适用于设计出的纯粹私人登记制度。它不仅在理论上适用于这一制度，事实上，我们很容易就可以找出证据来证明，以前的政党领袖也是利用其他政党的选民加强对自身政党的控制。最后，如果是当前的意愿而不是过去的行为应作为党员身份的依据，那么这一反对意见从理论上就会一败涂地。这是因为，正如已经指出的，在这一制度下，一般规定参加初选不允许超过一次。情况就是如此，党的初选只在自己党员范围内进行。就实践而言，这一点丝毫没有受到反对。每个党的政党领袖之间经常处于剑拔弩张的态势，这就使得他们将全部的投票心思都花在了自己的政党上。与对自己政党的候选人提名相比，这种敌对性使他们永远不可能对其他政党的候选人提名施加更大影响。当然，他们有时候也会试图这样做，但是，即便承认了这是实情，事情也不会像在私人登记制度下那样糟糕。在私人登记制度下，允许人们在初选时同时投票给两个大党，而且在这一制度下，在我们的大多数大城市中，一个政党的决策不止一次会受到政党领袖从其他政党党员那里获得帮助的影响。

进而言之，这种决定党员身份的方法有个巨大的优势，它能够使全国性政党和州政党面临的地方和城市性问题与州和全国性问题明确区分开来。全国性政党通过批准特殊城市问题，可能会吸引很多人成为它的党员，虽然这些人赞同其城市政策，但是，如果不允许这些人共同参与提名工作，那么这些人也不会与政党一起行动。如果允许他们在地方竞选活动中自主决定党员身份，那么，不管他们或政党在全国或州的问题上态度如何，他们都会赞同党的城市政策，为党提供支持。不管城市政党有什么样的优势，城市政党肯定会分裂全国性政党，如果撇开城市政策来考虑，城市政党就没有存在的必要了。

我们的结论是：无论在理论上还是在实践上，没有人反对政党登记成为公共事务，也没有人反对政党登记像公共政治选举中选民登记一样，规定其采用相同的方式和相同的保障措施。如果这种方法使用恰当，就会获得巨大的好处，可以将城市利益与国家和州的问题分开来考虑。

曾经在公共选举中使用的投票原则，现在能否以相同的方式应用于初选投票呢？如果制定一种类似于公共选举投票方法的初选投票方法，那么投票就可以与公共选举的选民登记同时同地发生，并服从监督登记的官员们的监督。如果情况确实如此，那么将适用于公共选举的原则应用于初选投票并不会使遴选的费用增加很多，因为自从通过《澳大利亚式投票法》以来，这笔费用已经耗费甚巨。在对初选立法和初选改革方案进行彻底调查之后，纽约州布法罗（Buffalo）地区的共和党联盟提出了这一初选方法。这一方法是，在每个选区登记的第一天，所有的公民在回答（回答并不是强制性的）了他们希望加入的政党提出的问题之后，可以进行登记，此时他们可以在负责登记的官员提供的选票上选择他们想使之代表政党的人。如果举行党的代表大会，这些人就可以被提名为党代表大会的代表，或者如果提名由党的选民直接提出，那么这些人可以成为未来选举的政党候选人。

这一方案规定：选民的一次投票行动应完成定期选举的投票登记、党员登记和初选投票三项工作；投票的时间和地点对于党员参与党内活动而言是必要的，应该像党员登记的时间和地点一样公开，让大家全部知晓，甚至让那些不积极履行党的职责的人也予以注意；在没有过多增加政府支出的情况下，政府可以按照规定对初选登记和投票进行监督。

这一方案既允许保留现有的党代表大会制度，又允许采用受欢迎的直接投票选举候选人的制度。甚至如果人们认为在任何情况下都不能摒弃这种党员代表大会制度，那么可以对这种初选投票方法做出规定，为代表提供指导。这种为代表提供指导的条款在马萨诸塞州现行法律中进行了规定，这一法律允许将一项声明印制在初选时发放给选民的选票上（虽然初选要接受政府监督，但是在马萨诸塞州，初选与登记并不在同一天），这一声明会对代表在党代表大会上投票的政策或候选人做出说明。在最近制定的加利福尼亚法律中，由选举委员会通过规定任命的初选检查员提供的服务是义务和免费的，消除了人们对额外费用的反对意见。

如果所有政党的初选投票和选民登记在同时同地举行，那么在不会实际增加选举费用、也不会增加选民负担的情况下，政党选民选择正式政党候选人所需的必要活动可以置于公共监督之下。这种解决问题的方法实际上减轻了选民的负担，因为在目前条件下，选民除了选举投票外，还要在初选时投票。使用这一方法的前提条件在于：个人须登记以及登记第一天须早于选举日。我们很少能找到反对这种变革的严厉意见，不过，如果为州的一些公职提名候选人的党代表大会制度被采用，那么州的竞选活动必须迅速完成。由于这个缘故，明智的做法是，首先在较大的城市尝试这一方案，并只应用于地方官职和立法官员的提名，其中，这两种竞选活动现在历时并不长。如果摒弃党代表大会制度，而在这种公开初选中采用所谓的直接投票方法进行提名，那么这些反对意见就站不住脚了。

如果没有党代表大会的介入，直接投票提名的方法看起来似乎是应用民主原则的合理结果，但是，这种方法仍然会受到严厉的批评。在这一制度下，按照相对多数原则做出决定是必要的。但是，在大多数情况下，按照相对多数原则做出决定可能会变得像公开选举的相对多数原则一样，即在两个以上候选人参加竞选的公开选举中，结果变成由少数人决定。候选人所在的选区越大，这一危险就越大，而在像州一样大的选区中，这一制度不可能让人满意地发挥作用。可以肯定的是，在绝大多数州采用这一初选制度之前，对党的全国代表大会的代表提名做出一些专门规定是必要的。

另外，如果试图采用直接投票的方法选择候选人，那么很有可能会为初选选择候选人而召开党的代表大会，就像现在为公开选举选择政党候选人而举行党的代表大会一样。因此，采用这种直接投票方法的最终结果是，会在目前的选举制度中增加另一次选举。不过，这次选举将会在党员登记的日子举行。因此，这样做并不会极大地增加选民负担，而且这样很有可能会使政党对民众更加负责。由于没有政党组织内部管理繁文缛节的干预，这一结果将会更加完善。上述提到的裁决[1]表明了法院是多么不情愿对此进行干预。以上提到的第一次投票所做的一切，会使政党组织将选定的候选人交给政党选民，由选民为他们投赞成票，而这样做要在政党宣布这些人是政党选中的人之前，因为在成为政党选中的人之后，他们的名字才有资格写在正式选票上。

---

[1] Supra, p. 206.

最后，正是那些使《澳大利亚式投票法》通过的相同原因，使之有必要在初选中采用这些作为投票方法基础的基本原则。理所当然，所采用的选票是那种写有各党派候选人名字的选票，候选人的名字按照字母顺序依次排列在候选人想要竞争的职位下面。各个政党在政治制度关系中作为一个整体具有一定重要性，而党内各个派系在各政党关系中可能永远不会具有这一重要性；正是因为这种重要性，才在此类选举中采用了根据政党来分栏的选票。

如果采用了上述这样一种制度，那么政党会作为政府的一种举足轻重的政治组织而受到全面和坦诚的承认。随着这种承认而来的，就是要服从公众的监督，根据公民的身份保障公民个人参与政党活动的权利。对政党在政治制度中真正地位的坦诚承认，使之有必要在约束政党的法律中对政党进行慎重的定义。这在此前提到的《澳大利亚式投票法》中已经做到了，而且采用的这种方法还需要遵守那些规范初选的法律。这就意味着宣布，政党是指任何推举候选人参加竞选，并且候选人在上一次选举中获得一定百分比选票的组织。在一些情况下，比如伊利诺伊州的法律规定：除非候选人是根据《初选法》的规定进行提名的，否则被这样定义的任何政党不能将候选人的名字印制在选举的正式选票上。

不过，正如我们已经指出的，只要政党是这样被定义的，就应当对不属于政党的那些人的提名做出规定。这是因为，作为拥有公民身份的公民，不仅应享有与一个政党一起活动的权利，还应被赋予从党外提名候选人的权利。由于此原因，在合理的限制范围之内，公民应有权利与志同道合的人一起提出申请书或提名书。

不管他的党派如何，如果有理由允许一个公民偏离党的路线参加提名工作，那么更有理由允许他以一个党员的身份拥有为一些人提名的权利，但是，被提名的这些人的名字应该在初选时就写在选票上。在赋予公民这一权利方面，肯塔基州的法律更为深入，它规定：以正当方式为自己提名的任何人，其名字必须写在政党选票上。马萨诸塞州并没有赋予公民这样自由的权利，这个州规定，每五个选民才可以提名一个候选人参加初选。有人可能会说，这种为政党推荐提名候选人的方法会削弱政党组织。不过，是否真的会这样仍存在疑问。这种方法仅仅是剥夺了组织目前的提名垄断权，并使之接受竞争。看起来似乎也很有可能的是，与拘泥于当前方法的政党相比，真正采用以上提名方法的政党在选举投票中获胜的机会更大。因为毫无疑问，被提名的人一般会从党员那里获得更热忱的支持。

纽约现行的《初选法》[①] 在这方面既是最新的法律之一，也是最激进的法律之一，其基础是期望能从法律上承认政党，并使其活动接受司法监督。它首先对党员登记做出了规定，对于一年

---

① L. 1899, chap. 473.

内没有参加任何其他政党初选的所有人,可以给予其在任何一个政党登记的权利。通过这部法律的州政党与地方政党之间存在一个区别；加入地方政党并不妨碍加入州政党。该法还规定,要在官方监督下进行初选,确保发出有关这些选举的完整通知,确保选举要在恰当的地点举行,即在离开街面不超过一层楼的房间内举行,并不准以任何方式与酒馆建立关系。按照法令举行的初选可以为党的代表大会选举代表,或者,如果政党采用了这种方法,可以由党员直接提名公职候选人。在公开选举中发挥作用的官员也应该在初选中发挥作用,《选举法》规定他们所做的宣誓应包括：他们作为初选官员应尽的职责以及《初选法》规定的所有职责。选举是以秘密投票的方式进行的。但是,选票并不是由州提供的。该法对出席的监票员做出了规定,规定每个选区不得超过一个监票员,监票员由政治委员会指定,也可以由两个或两个以上其名字出现在初选选票上的人指定。核查选票是按照公开选举后核查选票的同一种方式进行的。而且,当所有政党官员、政党代表大会成员、选举检查员、公职官员或委员会的行为涉及法律保障的个人权利或法律针对任一权威机关规定的职责时,视情况需要,可通过上级法院命令或调审令等适当补救方法予以复审。法院也被赋予了针对公民申诉的简易审判权,以对这一行为或过失进行复审。在审理这一行为或过失时,法院或法官应考虑正式政党机构对该问题提起的诉讼或做出的裁决,但不必受其制约,并且应根据案件的全部事实和情况做出公正的裁决和决议。

最后，一经申请，法院就可以向提出申请的选举人发出传票，要求那些在党的代表大会召开的县或城市里的选举人出席党的代表大会，就竞争席位问题向该委员会作证，并提供公开记录，或提供初选记录，或提供党的代表大会决定召开本次党的代表大会的记录。如果有人希望争夺已经获得党代会席位的人的权利，那么他应该发出竞争通知，并将通知送达给其席位受到竞争的人。如果要召开由那些按照法律规定选出的代表组成的党代表大会，那么应该在初选日选出代表，或者选出负责选举党代会代表的代表后才能召开。

为了使政党能够作为一个政治组织接受公众的管理和监督，上述方法就是曾被提议或采用过的方法。总之，这些方法的目的在于使党员身份的判定主要由个人来选择，但不是由个人全权决定；目的在于使选举代表和候选人的初选计票工作由公职人员来做（其中，初选选举代表的，采用的是党的代表大会制；选举候选人的，采用的是直接投票的方式），一些情况下是由真正的公职人员来做，另一些情况下是在公众监督下行事的。如果采用恰当的方法，那些希望参与政党候选人提名工作的选民所做的工作就会大大减少，因为选民登记、党员登记和初选投票将在公众监督下同时同地举行。时间和地点将会让大家都知晓，做到众所周知。

但是，不要以为采用这种方法就会废止所谓的"政党秘密会议"，候选人提名是党员们直接而积极研究的结果，而不是一时半会儿能预料的。如果采用的是党的代表大会制,估计政党领袖们会一如既往地制定他们的"候选人内定名单";如果采用直接投票的方式,很可能会在初选之前召集党的代表大会。与现行制度相比,党员在这一制度下可能更容易破除"候选人内定名单",如此一来,政党会议更容易受到监督,尤其是法律对代表进行有关规定之后,更是如此。在直接投票的情况下,政党候选人在很多时候有可能是由少数党员决定的,但是,即便如此,与现在选择政党候选人的少数人的人数相比,这些少数党员的人数也要多得多;由此以来,政党领袖对政党应负的责任就增大了。

有人可能会说,与现行的政党提名方法相比,这种方法并没有更多的优点。但是,我们应当谨记,如果民主的特点真是如此——也就是说,与其说民主政府实现的是民众对官员的审慎选择和对政策的积极决定,还不如说实现了否决权和更换政党领袖的权力——那么在使政党以及通过政党使党魁对民众负责方面,这种初选方法发挥了很大的作用。这是因为,这种方法会使民众像现在控制选举一样,将提名权也控制在手中。民众的政治活动将不再局限于在两个不受欢迎的候选人之间进行选择。他们也有权力阻止那些无法获得他们信任的人竞选政党候选人。对政党的总方针而言,也是同样的道理。目前制定的总方针是通过党的代表大会对外表达的,普通党员并没有发言权,如果采用了这种初选方法,决定这一方针的人数就会大大增多,而不是像现在这样由党员代表决定。

我们一定不能怀有这样的期望，认为任何初选方法或对政党公共性质的完全承认将会使党魁消失。政党领袖永远是不可或缺的。正如我们已经指出的，英国负责任的政党政府的发展伴之以对政党领袖的承认，他的影响主要在于决定政党的方针，而且党内其他领袖大多都要服从他。诚然，对于培育负责任的政党政府而言，承认政党领袖似乎是必要的。但是，政党领袖是对政党负责，政党可以随时迫使他下台，并让位于更符合党的意愿的人。

但是，英国的政党领袖或党魁既在政府中身居要职，又在政党中身居要职，因此他对党负责这一事实在很大程度上取决于他在政府中身居要职这一事实。是否能够成功地使党魁对政党负责取决于他认为自己是否在政府中身居要职，但没有人会回答这一点。倘若确实如此，那么为使党魁负责而进行的政党重组就会注定走向失败。但是，我们认为英国和美国政府制度的区别主要在于，美国的政党在政府外围做了大量工作，而在英国，这些工作是由政府来完成的；尽管党魁在政府中并没有身居要职，但是这就有可能通过使党魁对政党负责而使之对民众负责。现在，美国普遍要求修改初选法律，这似乎表明了美国民众的基本信念，他们认为我国政治发展的下一步就是要承认政党是一种真正的政治组织，因此，政党应当服从民众监督，以期为负责任的民治政府提供保障——民治政府是一种民众开始认识到他们已经丧失或正在丧失的政府。

如果不提及公司与政党和政党领袖之间的关系，那么讨论这一问题可能会被认为是不完整的。在过去的五年里，公司的蓬勃发展已经对我国政治活动的方法产生了影响。最近，由较小公司联合成大公司——虽然有点不确切，但这种公司通常被称为托拉斯——的运动同样也对此产生了影响。这些组织与政府之间的关系通常取决于下面两种关系中的一种，一般是跟两种关系都有关。

第一，这些公司从事的商业活动，其规模和利润取决于对之有利的政府活动。有的公司希望通过一项关税议案，这项议案即使无法破除国外公司的竞争，也能减弱竞争。另外一些公司则希望政府授予特许经营权。

第二，公司的发展促进了课税主体的发展。我国原有的课税法几乎没有涉及股东个人持有的公司证券。由于政府活动的范围不断扩大，政府的支出也不断持续攀高，因此有必要寻求新的收入来源。因此，伴随着公司和课税主体的发展，这就要求公司与新课税主体承担它们那部分公众负担。

因此，我们一方面有了施以优惠和征税的政府；另一方面则有了急于得到优惠和渴望逃避纳税的公司。而且，我们在一方面还有了一种政府制度和政党制度，其特点是并不能确保对政治活动负全部责任；另一方面则有了各种公司，其业务经营仍尚未像我们期望的那样公开。换言之，从诱惑和机会两个方面来看，我们有条件在那些操控政治制度的人和那些控制金融机构、工业机构和商业机构的人之间建立起不正当关系。由于这些机构的资金来源缺乏公开性，其面临的严重危险不易察觉，所以这些机构很有可能会任由操控我们政治机构的人非法支配。由于我国的政治制度具有不负责任的特点，如果不存在被民众抓住，并对其行为进行清算的严重风险，那些掌控我国政治机构的人可能会接二连三地对公司施以优惠、放弃征税或者强加公正或不公正的负担。

石油托拉斯

人们普遍认为，我国目前的许多大公司与某些政治领袖之间实际上存在这种不正当关系。不管这一想法的根据是什么，不可否认的是，我们描述的那种条件确实有利于确立这种关系。如果这种可疑的关系确实存在，同样不可否认的是，他们这种关系即使不是在很大程度上，那也在某种程度上是政党领袖不负责任的反映。任何旨在减少不负责任的建议都应予以考虑。

现在做什么可以使这种关系无法建立或至少不那么容易建立呢？唯一的答案就是公开。公司的账目应该更加公开。政党的账目也应该更加公开。我们可以再次从英国那里寻求帮助。英国禁止行贿的法律试图将选举活动款项的支出限定在一个人身上，由他承担严格的责任，这些法律对消除公开选举中非法使用资金方面发挥了重要作用。我们可能需要进一步采取措施，禁止为了选举或提名向别人提供捐赠，除非接受捐赠的人是政党的权威代表，他对所有的收入和支出负有责任。这一议案在近期已经递交给了纽约州的立法机关，但是尚未获得通过。

如果我们希望使政党领袖和政党在管理我们的政府时能够负起责任来，那么，为了保证完全的公开性，合适的初选立法以及合理规制公司和政党领袖之间的关系在美国似乎是必要的。

第十章 结论

经典名句

◆ 在民治政府中,民众不仅掌握着执行法律的最终控制权,还掌握着制定法律的最终控制权。

◆ 如果政府是民治政府,那么民众应有权否决政党领袖的提案,有权剥夺其领导权,并将政事委托给其他更能顺应民意的人。

◆ 我们要做的就是坦率地承认新形势需要新对策,要以务实明达的态度做能做之事,以此保证构建责任政府和实现行政高效化。

英国国旗

美国1776年国旗

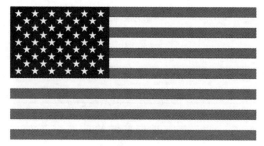

美国今天的国旗

以上章节试图表明，我们通过对目前的行政体制合理地加以集中和集权，并从法律上承认政党是一种政府机关，这样就可以确保民治政府和高效行政这两个政治制度的首要目标在美国获得进一步发展。但是，如果只对行政体制进行改革而不同时从法律上承认政党的地位，那我们就无法奢望只要这样做就能保证自动实现负责任的民治政府或高效行政；同样，只承认政党是一个政府机关也是行不通的。

如果仅有集权的行政而无负责任的政党，那就无法保证行政高效，因为它就像地方自治政府分权体制那样易于受到政治操纵，比如美国就是如此。而在这种仅有集权的行政而无负责任政党的情况下，将行政与政治分开面临的困难不亚于在地方自治政府体制下面临的困难。集权的行政与分散且组织化程度较低的政党结合会产生民治政府——在民治政府中，民众不仅掌握着执行法律的最终控制权，还掌握着制定法律的最终控制权——分权的行政与集中且组织化程度较高的政党结合，几乎也会产生同样的结果。

如果我们将集权的行政与弱势的政党体制结合在一起，并对负有责任的政府领袖采取预防措施，那么就可以通过赋予政党组织的形式来防止政府领袖在政党组织中发展。但是，如果分权的行政与强势而不负责任的政党结合，且又不对负有责任的政府领袖采取预防措施，那就会使不负责任的党魁在政党组织中发展起来。尽管法国和意大利有集权的行政体制，但是政党领袖的缺失使政府管理陷入了不协调、腐败和时有时无的状态，这种状态有时实际上就是在无政府状态的边缘上。在美国政治体制中，不负责任的党魁使公共事务的管理也变得不负责任，经常充斥着贪污腐败和奢侈浪费，而且由于其不负责任，迅速导致维系民众所需要的政策持续性变得几乎不可能。确实，如果民众发现党魁们对民众的意愿并没有想象的那样负责，那么民众就会对这些党魁产生憎恶，因为如此，民众往往会盲目抛弃一个党魁，结果却发现已经身陷另一个党魁的控制。

在美国现行政治体制下，只承认政党是一种政治机关而不减轻它所承担的工作，这样似乎并不能确保政府自动成为纯粹的民治政府或实现高效行政。因为协调国家意志的表达功能和执行功能的任务非常繁重，除非政党实力雄厚，否则是无法承受的。政党领袖的存在是不可或缺的，但他必须拥有很大的权力。民众害怕因为过分苛求政党领袖尊重民意而造成无政府状态或者政府无能，政党领袖利用民众的这种恐惧心理，很容易就会蜕变为不负责任的党魁。由于分散式政府体制具有非常不集中的特点，因此很难确定政治行动责任。政党的公共地位获得承认，那就需要对其进行控制，而这将由政府机关负责执行。因此，就像执行其他政府职能的责任一样，这种执行责任也是很难确定的。

由于行政体制的分权化特点使所有官员被看作是具有政治倾向性的，所以从法律层面上承认政党并不会自动实现高效行政。行政分权助长了政党不负责任的风气，原因是它鼓励政党使用非法手段延续和巩固自己的地位。

如果我们希望美国确立民治政府和高效行政，那么就有必要建立一套适度集权的行政体制。这一体制能够减轻政党的工作，因为工作可以转由政府承担，从而使政府变得更负责任。由于政府准备正大光明地行事，所以它能服从公众控制，而在分权体制下，政府行事隐秘，因而无法服从公众的控制。分权体制也能实现高效行政，因为它使众多官员从政治控制的桎梏中解放出来成为可能。

从行政的角度来看，不仅政府体制必须适度集权，而且政党也必须获得非常充分的法律承认。这种承认并不是要摧毁强大的全国性政党，也不是要推翻政党领袖。实际上，由法国和意大利的经验来看，摧毁全国性政党或以弱小的地方政党取而代之都是非常不明智的。但是，必须使党魁对政党负责，政党对民意负责。如果政府是民治政府，那么民众应有权否决政党领袖的提案，有权剥夺其领导权，并将政事委托给其他更能顺应民意的人。

我们已经承认：政党并非是一个没有它就不行的恶魔，而是民治政府赖以建立的基础；党魁或政治领袖——随你怎么称呼都可以——是政党存在所不可或缺的。我们承认了这两点，就为实现民治政府和高效行政这两个目标提供了保证。在英国，这是在政府体制内实现的。但在美国，这一方法则未必可行。然而，在正式的政府体制之外很可能会获得相同的结果。如若想获得这一结果，政党必须负起责任；而要想使政党负责，就提名权而言，必须承认政党是一个政治机构，必须使之服从公众控制。

美国民众已经看到了行政体制改革的必要性。他们已经开始在全国、各州甚至各城市集中行政权力。但他们很快就认识到，像司法功能一样，政府还有一项功能应免受政治影响。这一点我们可以从以下事实中看出来，用目前时兴的话来说，人们普遍要求学校和部分城市部门（比如警察和消防部门）"从政治中分离出来"。我们还可以从文官改革运动中看出这一点，年复一年，这一运动愈演愈烈。民众现在才刚刚开始关注问题的另一个方面，即政党和政党领袖要为民众负责。但是他们现在开始越来越强调，就政党有公职候选人提名权来说，政党不应再被看作是一种志愿组织，而应看作是一种政治团体；政党必须服从民众的控制和监督。

我们要想改善当前的政治状况，要做的不是非难政党和试图消灭政党领袖，也不是反对行政集权的一切做法，而这则表明祖辈的信仰在我们这里已经退化了；我们要做的就是坦率地承认新形势需要新对策，要以务实明达的态度做能做之事，以此保证构建责任政府和实现行政高效化。长期以来,我们只为已经远去的时代呐喊助威。我们动不动就轻率地纠集力量阻挡势不可挡的潮流,这股潮流势不可挡是因为它顺势而为——确实是顺势而为,但我们现在仍没有参透这一点。我们不应盲目地无的放矢,而应在真正的敌人变得不可战胜前向其发动攻击。这是因为不负责任的党魁制度正在滋长,很可能会发展成尾大不掉之势,到时要想剪除即使不是毫无可能,也是非常困难的。虽然民治政府的外在形式依然如故,但却也曾一度丧失过。我们没有理由保证它不会再度丧失。

另一方面,我们应当时刻铭记,18世纪英国腐化堕落党魁的兴起是大洋彼岸的同胞们构建前所未有的负责任民治政府的方式。自沃波尔始,英国开始有了首相一职,首相对民意体察甚微,一天的工作量足以使他精疲力竭。我们还应该铭记,在本世纪初,英国的行政体制贪污腐败丛生、效率低下,它致使英国的依法行政不断衰微,对经济学家和行政人员而言,都成了一种形式上的严肃警告;它还致使英国城市政府成了当时的笑柄和诘难对象。就是在这样一种行政体制的基础上,就效率和忠诚度而言,它产生了一种其他行政体制难以超越的体制;这种城市政府体制足以成为我们效仿的典范。

最后,我们应当铭记,不能将英国政府目前令人羡慕的状况归功于贵族掌政,正如我们不能将我们经受的弊病归咎于民主一样。因为英国最腐败的时期就是贵族掌政最强盛的时期。英国的伟大改革始于 1832 年《改革法案》的通过，从此英国开始具有更加民主的特征；不妨补充一句，自从 1832 年以来，这种民主特征与日俱增。一方面，英国确立了民治政府，另一方面，实现了高效行政；这在很大程度上归功于将盎格鲁-撒克逊理念应用于政治问题——这种理念我们也应具备；更进一步来说，这种理念是指拒绝接受已成定式的政治理论，而愿意使用眼前的实用方法，不管这种方法是否符合人们长期以来认为是政府基础的理论。在使政府体制适应变化了的情况方面，我们应以英国为楷模，但这并不是要努力效仿她所做的一切，而是要借鉴其思维模式，在我们心中唤起她已经展现出来的相同意愿。

附：

行政之研究

〔美〕伍德罗·威尔逊

威尔逊
(Woodrow Wilson,1856—1924)

经典作家小传

威尔逊

(Woodrow Wilson,1856—1924)

美国著名的政治家、政治学家、行政学家和历史学家。生于美国弗吉尼亚州。毕业于普林斯顿大学,毕业后任教多年,并于1902—1910年担任普林斯顿大学校长;1911—1912年担任美国政治学会主席。1887年发表《行政之研究》一文,开创了行政学学科研究的先河,从而被誉为美国的"行政学之父"。1910年竞选成为新泽西州州长。1912年获民主党总统候选人提名,击败西奥多·罗斯福获胜,成为美国第28任总统。1916年连任。第一次世界大战后,于1918年1月提出著名的"十四点和平方案",成为战后国际联盟成立的基础,并因此而成为国际政治思想领域的理想主义代表人物。1919年获"诺贝尔和平奖",1924年病逝于华盛顿。著有:《国会政体:美国政治研究》(1885)、《分裂与重新统一(1829—1889)》、《美国人民的历史》(1902)、《美国的宪法政府》(1908)等。

名师点评

威尔逊的重要贡献是首先确认了公共行政学作为独立的研究对象和可能的普及领域。

——伦纳德·怀特（美国芝加哥大学，行政学奠基人之一）
《共和党年代：1869—1901》

长期以来，《行政之研究》被视为现代行政学研究的滥觞。……该文的主要理论贡献在于其提出了行政学研究要从政治学中分离出来，创建独立的行政学。

——谭功荣（深圳大学）《西方公共行政学思想与流派》

威尔逊对行政的研究，其贡献不仅仅在于学科创立和理论奠基方面，更在于他直接地影响了美国的政治现实。对于这样一位从政治学教授到普林斯顿大学校长、从新泽西州州长到美国第28届总统的人来说，影响政治现实比从事抽象的理论工作更具有吸引力。

——张康之（中国人民大学）等《公共行政的继往开来之路》

威尔逊不仅系统地论证了研究国家行政管理和建立行政科学的重要性和必要性，深刻地提示了行政学研究的对象和实质，明确地提出了行政学研究的目标和任务，而且对诸如人事行政、行政监督以及行政道德（伦理）等行政学研究的具体内容作了阐述，尤其是对行政学研究应该遵循的方法论原则提出了自己的见解。其思想中的某些观点至今仍不失精辟……

——丁煌（武汉大学）《威尔逊的行政学思想》

依我之见，对于一门实用科学而言，如果没有必要了解它，那么我们就永远不会对它进行研究。行政学作为一门知名的实用科学，它正在进入我国大学课程的事实本身就证明，我们需要更多地了解行政学，因此，如果需要提出事实证据的话，那么这就是一个明证。然而毋庸说明的是，我们的本意并非要通过调查大学的课程设置来证明这一事实。我们认为理所当然的是，当前被称为文官制度改革的运动在实现第一个目标之后，必须再接再厉，不仅要在人事方面，还要在政府机关的组织和方法上有所改进；因为显而易见，政府机关的组织和方法与其人事管理一样，都需要改进。行政研究的目的在于：首先，厘清政府适合做并且能做好的工作，其次，研究政府如何尽可能以最高的效率和最低的成本（不管是资金还是精力）完成适合做的工作。很显然，对于上述两个问题，我们需要得到更多的启示，但是，我们只有在认真研究后才能获得这种启示。

但是，在开始着手研究之前，我们需要：

1. 了解其他人在此领域中已做过的研究工作，即了解有关此研究的历史。
2. 确定此研究的主旨。

3. 确定开展研究所采用的最佳方法以及我们深入研究所使用的最明晰的政治概念。

除非我们了解并解决了这些问题，否则，我们就好比在没有地图或指南针指引下踏上旅程。

一

政治科学发端于大约 2200 年前，行政科学则是其研究的最新成果。行政科学起源于本世纪（*指作者写作时的 19 世纪——译者*），它几乎也是我们这一代人孕育的产物。

为何它的出现如此之晚呢？为何它非要等到这样一个让我们忙得不可开交以致无暇顾及它的世纪才出现呢？行政机关是政府之中最显著的部分；它是行动中的政府；它是政府的执行机关，是政府的实施机关，也是政府中最令人瞩目的一部分，当然，它与政府本身的历史一样，由来已久。它是行动中的政府，人们自然而然就会期望，能够在早期的系统思想史中看到行动中的政府早已引起人们的关注，并激起政治学家对此进行仔细研究。

但事实并非如此。行政学在本世纪已经度过了它最初的青春年华，并已开始绽放具有自身特色的系统知识之花，而就在这之前，并没有人将行政学当作政府科学的一个分支来进行系统著述。直到如今，我们阅读的政治作家的所有论著仅仅是对以下问题进行了思考、争辩和论断而已：政府的构建；国家的性质、主权的本质和地位、公众权力与君主特权；政府本质中最重要的价值、基于人性和人的目的而提出且高于政府目的的更高目标。他们论战的核心领域包括以下主要理论领域：君主制倾轧民主制、寡头政治构筑特权堡垒以及专制制度寻求机会以更好的方式宣布接受所有民主制度的臣服。面对各种原则的激烈竞争，行政基于自身的考虑，也只能任由摆布。但自始至终存在的一个问题是：谁能制定法律以及制定什么样的法律？另一个问题是，如何使法律的执行能教化民众，又能公平、快速和没有冲突。后一个问题被当作"实践中的细节问题"撇置一旁，会在专家学者们就理论原则达成一致后交由办事人员进行安排处理。

当然，政治哲学向这一方向发展并非偶然，也不是什么机会垂青政治哲学家或他们一时异想天开。正如黑格尔所言，任何时代的哲学"只不过是抽象思维对那个时代精神的反映而已"，而政治哲学与其他哲学一样，也只不过是举起

黑格尔（1770—1831）

了一面反映当代事务的镜子而已。早期时代的问题几乎全部与政府的构建有关，因此人们对与之相关的问题就格外关注。人们很少甚至完全没有在行政方面遇到麻烦——至少引起行政官员注意的问题非常少。那个时代的政府职能比较单一，这是因为生活本身就很简单。政府遵循政令行事，强制人们服从，而并未考虑征询他们的意见。那时候并不存在让财政家感到困惑的复杂公共收入制度和公债制度，因此，财政家也就不会感到棘手。那些手握

权力的人对如何使用权力并不会一直摸不着头绪。他们面临的唯一重大问题是：谁将掌控权力？芸芸众生只是被管理的人群；财产的种类也比较单一。虽然农场很多，但是并没有股票和债券，牲口的数量远比既得利益集团的数量多。

我曾说过，这就是"早期时代"的真实写照；即使到了相对较晚的时期，状况亦是如此。人们无需追溯到上个世纪去探究当前贸易错综复杂和商业投机行为混乱不堪的根源，也无需探究国债的出现预示着什么不祥之兆。毫无疑问，"英明女王"伊丽莎白一世（Good Queen Bess）认为，要想毫发无损地驾驭16世纪的垄断比登天还难；但是面对19世纪的巨头垄断，人们已不再记得往昔这番真知灼见了。布莱克斯通（Blackstone）曾悲叹道，公司既无躯体供我们欺凌，也没有灵魂供我们谴责；可见，他早在整整一个世纪之前

伊丽莎白一世
（1533—1603）

就已预见到这种令人痛惜的状况所发生的准确时间了。雇主和工人之间的长期冲突也困扰着现代工业社会，这一问题早在黑死病和《劳工法》出现之前就已存在了；但在我们这个时代来临之前，这个问题从来没有像现在这样给人一种不祥的预感。简而言之，如果政府行动面临的困难在几个世纪之前就已经在积聚，那么到了我们所处的这个时代，其累积程度正在达到无以复加的地步。

这就是我们如今为什么要谨慎而系统地精心调适行政工作,使之适应已经校正的政策标准的原因,也是我们现在要拥有一门前所未有的行政科学的原因。直到如今,有关宪政原则的重大论战仍尚无定论;但在实用性方面,它已经远不如行政问题那样直接有效。执行一部宪法要比制定一部宪法困难多了。

沃尔特·白哲特(1826—1877),英国最著名的经济学家、政治社会学家、公法学家之一。

白哲特先生(Mr. Bagehot)曾对行政管理的新旧方式差异进行过一番生动而独辟蹊径的描述:

> 在早年,如果君主想对边远省份进行统治,他会委派一位骑着高头大马的总督前往,其他随从人等则骑着矮小的马;除非总督派人回来汇报,否则君主就不知道总督在干什么,也就无从监督了。君主获得信息的来源也就只有市井的流言蜚语和不定期的报告。如果君主确定这个省份在总督的管理下混乱不堪,那么君主可以召回该任总督,另派一位总督接替他。而文明国家则迥然不同。你可以在想要统治的省份建立行署,要求它书写和誊录书信,每天要向位于圣彼得堡的首脑机关递交八份报告。如果没有人在首府进行汇总和核查,检查其工作是否做得正确,那么在各省份也不会有人进行汇总。这样做的后果是,强加给了

首脑机关繁重的批阅工作，增加了他们的工作量，而这需要具备极高的天赋，需要经受最有效的训练，需要具备最坚毅和最持久的勤勉精神才能完成。①

政府的任何一项单一职能现在几乎都变得纷繁复杂了，而以前却是比较简单的；政府在以前只有少数的支配者，而现在则有众多支配者。以前是大多数人听命于政府，而现在则是大多数人管理着政府。政府曾经唯宫廷的异想天开是从，而现在则必须顺应一国民意。

这些民意正在稳步拓展成为新的国家职责观念；与此同时，政府的职能也逐渐变得更加复杂，更加难以履行，而且在数量上也大为增加。新任务层出不穷，行政管理的触角也变得无处不在。比如，政府在邮政服务中发挥的效用、提供的廉价服务和取得的成就初步确立了政府对电报系统的控制地位。或者说，在购买或建造电报线路和火车轨道方面，即使我国政府不走欧洲政府以前走过的老路，那也不会有人怀疑它会通过某种方式使自己成为一些权势公司的支配者。除了原有的国家铁路委员会之外，政府又新增设了国家铁路专员，这意味着行政职能已经获得了重大而微妙的扩展。不管州政府和联邦政府对公司拥有的职权是什么，必须要小心谨慎和尽职尽责，这需要高深的智慧、博学的知识和丰富的经验。为了做好工作，我们必须对其进行研究。正如

---

① Essay on Sir William Pitt.

我所说过的,这仅仅是向政府部门开放的几扇大门而已。国家以及相应的国家职责观念正在发生显著的变化,而"国家观念是行政管理的良知所在"。当你明白了国家每天应该做的新事情之后,接下来你也就明白了国家应当如何去做。

这就是为什么应当有这样一门力求使政府不走弯路、减少无效率工作、加强和优化组织机构、恪尽职守的行政科学的原因。也可以说,这就是为什么这一学科会存在的原因之一。

但是,这门学科是在哪里发展起来的呢?可以肯定的是,不是在美国产生的。在我国的行政实践中,不可能找到很多公平的科学方法。市政府乌烟瘴气,州政府藏污纳垢,华盛顿的官僚机构中充斥着混乱不堪、人浮于事和贪污腐化,这使我们已不再相信,构建良好行政的明确观念已经在美国广泛传播开来。我们是绝对不会相信的;迄今为止,美国学者尚未在行政科学的进步中发挥过重要作用,而行政学的专家学者则主要是在欧洲培养出来的。行政科学并不是我们创建的学科;它是一门几乎很少使用英国式或美国式语境规则的外来学科。它使用的只是外国腔调,它所表达的观点也跟我们的观点迥然不同。它的目标、事例和条件无一例外都是以外国的民族历史、制度惯例和革命经验教训为基础的。它是由法国和德国的教授们发展起来的,因此,各个部分是可以适应组织严密的国家的需求的,并能适应高度中央集权的政府形式;然而,为了与我们的目的相契合,我们必须对它进行调整,使之不仅适应结构简单紧凑的国家,同时也能适应结构复杂多样的国家；并且使之适合高度分权的政府形式。我们如果要运用这一学科，那就必须要实现这一学科的美国化，不仅仅要从形式上对语言进行美国化，还要从根本上对思想、原则和目标加以美国化。它必须要领会我国制度的内在精神，必须要从它的血管中消除官僚主义的弊病，必须要融入美国的自由风尚。

很明显，这一科学可以为所有的政府提供帮助，它为什么会首先在欧洲备受关注，而不是首先在英国和美国受关注呢？要知道，欧洲政府在很长一段时间内实行的是垄断专制，而英国和美国的政府在很长一段时间内实行的是公共授权。如果我们要探究这其中的原委，那么毫无疑问，原因有二：第一，欧洲的政府不需要征得公众的同意，他们做得更多的是统治；第二，保持政府垄断性的热情使垄断者热衷于探求最缓和的统治方式，而这些人的人数较少，易于迅速采取对策。

对这个问题稍作细致的探讨是大有裨益的。当然，当我提到欧洲政府的时候，并未将英国政府包括在内。因为英国并未拒绝进行与时俱进的改革，而是采用了从缓的宪政改革措施，缓和了国家从一个贵族享有特权的政治形态向民主权力体制转变的剧烈程度。它并没有阻挡革命，而只是将革命限定在和平解决途径的范围之内。长期以来，欧洲大陆的各个国家猛烈抵制所有的改革，并通过降低政府的残暴程度防止革命的发生。他们力求优化国家机器，消除机构之间存在的摩擦矛盾；他们关心被统治者的利益，使用甜言蜜语的伎俩平息人们心中埋藏的仇恨；他们会殷勤而适时地向各个阶层提供帮助，使他们自己成为勤劳人民不可缺少的一部分。最后，他们还赋予人们宪法权利和公民权利；即便如此，他们也仍然在利用家长式统治继续实行开明专制。他们行事高效，力求不被抛弃；运转流畅，力求不被觉察；开明之至，力求不受轻率质询；乐善好施，力求不被怀疑；权力鼎盛，使公众难以应付。所有这一切都需要研究，而且他们已经对此进行了细致的研究。

当时，在大洋这边的我们并不知道政府将会面对着如此巨大的困难。在这样一个人人有房住、人人做着有报酬工作的新国度中，政府奉行自由主义原则，切实可行的政治纲领大行其道，长期以来，我们并不需要诚惶诚恐地关注行政计划和行政手段。自然而然地，我们很难迅速理解欧洲出版界送给我们图书馆的著作所包含的用途和意义，这些著作对管理政府的方式和手段进行了学术性研究和艰苦的求索。我们的政府就像一个健壮的少年，心智已经健全，身材已经变得魁梧，但行动却变得笨拙了。其精力和年龄的增长与其生活能力已经完全不相适应。他已经获得了力量，但是却还不具备相称的行为。由此一来，虽然我们在机构发展的适应性和健全性方面要大大优于欧洲国家，但是，现在我们却要倍加关注行政变动，需要具备更加广博的行政知识。与大西洋彼岸的国家相比，我们所处的地位极为不利；我将力图解释清楚其中的原委。

根据当代世界上主要国家的宪政史来判断，在所有高度发展的现有体制中,政府经历了三个发展阶段,其他的政府亦是如此。第一个发展阶段是专制统治时期,其行政体制服务于专制统治;第二个阶段是制定宪法,废除专制统治,以大众管理取而代之的时期,在这一阶段,因为人们有这种更高层次的关注而忽视了行政;第三个阶段是拥有主权权力的人们着手发展行政的时期,他们拥有新宪法所赋予的权力。

当代政府中不乏在行政实践方面成为表率者,但这些政府的统治者却依然实行专制统治;现代政治则表明,统治者只是被统治者的公仆而已,明眼人对这一点都非常清楚;正是伴随着这种现代政治曙光的显现,专制的统治者也变得开明了。在对个人的意志负责,并承诺简单有效完成任务的前提下,此种政府的行政管理组织得井井有条,目的是为了促进公共福利的发展。

例如,普鲁士就是典型,普鲁士的行政管理已经得到了最充分的研究,而且已经臻于完美。腓特烈大帝(Frederic the Great)的统治严厉而专横跋扈,但他仍然虔诚地称自己只是国家的总管,将自己的庞大政府机构视作是公共信托机构;也正是他,在他父亲奠定的基础之上,组建了普鲁士的公共服务机构,并使之热心于公众服务。他的继承人腓特烈·威廉三世同样实行专制统治,在斯坦因(Stein)的鼓励下,进一步推动了改革的发展,设计出了更多趋于稳定

腓特烈大帝
(1712—1786)

的组织结构，形成了当今普鲁士行政管理的雏形。几乎所有令人赞叹的行政体制都是在国王的倡导下建立起来的。

虽然当代法国行政规划的起源与普鲁士并不一致，但二者的行政实践却如出一辙，均由区划相当和等级森严的政府层级构成。法国大革命时期——制宪会议时期——是宪法的"成文"时期，

劳伦斯·冯·斯坦因(1815—1890)，德国经济学家、社会学家、公共行政学家。

但是我们却很难称这一时期为宪法"制定"时期。大革命预示着宪政发展时期的到来——法国由此进入了我所提到的第二个阶段——但大革命本身并未开创这样一个时期。它中断并动摇了专制主义，但并未摧毁它。拿破仑后来承袭了法国君主以前行使的那种不受限制的权力。

因此，我举的第二个例子是拿破仑重新构建的法国行政管理体系，即在宪政的曙光即将来临之际，专制统治者通过个人的绝对意志使国家机器达到了臻于完美的状态。没有哪种共同的、大众化的意志能够做出像拿破仑所要求的那种政府安排。政府的安排如此有条不紊，它打破了地区的狭隘偏见；如此合乎逻辑，它与大众的选择是一致的：虽然政府的安排是由制宪会议做出的，但只有通过专制君主的无限权力才能得以确立。法国共和八年确立的行政体制残酷至极，同时也完备至极。另外，在很大程度上，这也是对以前被推翻的专制主义的一种复辟。

另一方面，有些国家在受到自由原则的影响之前，就已迈入了制定宪法和公众改革时期，对于这些国家而言，其行政管理的改进已是处于迟滞不前与半途而废的状态了。国家一旦开始着手制定宪法的事务，如若想终止，并想要为公众构建一套精通行政、高效低廉的行政管理机构是非常困难的。对宪法进行细枝末节的修补似乎是无休无止的。如果一部宪法不进行修正和添补，那么很难持续使用十年；正因为如此，繁琐的行政工作也就姗姗来迟了。

当然，我们在这里要说的例证是英国和我们自己的国家。《大宪章》尚未造就宪政之前，由于亨利二世的机敏过人、兢兢业业和积极进取，而且颇具不屈不挠的精神和意志，正是在他的睿智和全力以赴精神的推动下，法制和行政改革开始在安茹王朝时代拉开序幕；就像在英国和其他国家一样，国王的首创精神似乎注定要按照自己的意志来塑造政府的发展。但是，意气用事而又刚愎自用的理查、懦弱迂腐而又阴险狡诈的约翰并不能承继父辈的宏图大志。在他们统治期间，行政管理的发展让位于宪法斗争；实际上，英国国王在尚未具备设计公正而形式稳固的国家行政部门这一实践天赋和开明意识之前，议会已经担负起行使国王角色的重任。

因此，英国很久以前就已经对限制行政权力的艺术进行了成

亨利二世（1133—1189）

功的研究,但却忽视了完善行政方法的艺术。它不断加强自身对政府的控制,而不是不断强化政府。与使政府变得简捷流畅、有条不紊和追求高效相比,他们更关注的是让政府变得公正而温和。英国和美国的政治史并非是一部行政管理的发展史,而是一部立法监督的历史;并非是一部政府组织的发展历史,而是制定法律和抨击政治发展的历史。政府承受着长久以来积聚的立宪弊病,因此行政管理的研究和创新对政府的良好运转是绝对必要的,我们现在就已经步入了这样一个阶段。实际上,就确立基本原则而言,这一阶段已经结束了,但我们不可能摆脱其影响。我们本应进行宪法创建的时候,却一直在进行政治评论。我们现在已经进入了我在前面提到的第三阶段——在这一阶段,通过在上一阶段与专制权力进行斗争为自己赢来了宪法,人们必须发展行政管理以适应宪法;但是我们尚未为新阶段的到来做好准备。

虽然我们的国家在政治自由方面享有极大的优势,尤其是在实践性的政治技巧和洞察力方面更是如此,但是在行政组织和行政技能方面,有很多国家已经走在我们前面;我们对这一事实感到惊讶不已,但是似乎上述解释为它提供了唯一的解释。比如说,为什么我们直到现在才开始净化足足腐败了五十年的行政机构呢?如果说奴隶制让我们误入歧途,那只不过是在重复我曾说过的话——我们的制度缺陷耽误了自己。

当然,凡是理性的选择都会赞同英国和美国的政治道路,而不会赞同欧洲国家的做法。我们绝不会为了学习普鲁士的行政管理技能而重走普鲁士的老路，因为普鲁士独特的行政管理制度足以让我们窒息。与其让行政管理变得顺从和呆板，还不如任其自由发展。毋庸置疑，保持行政管理精神上的自由独立和实践中的运用自如是更好的方式。正是这种更加理性的选择，才迫使我们去探究什么会阻碍或者延迟我们采纳这门让我们早就翘首以盼的行政管理科学。

那么，究竟是什么在阻碍我们这样做呢？

首先，最主要的障碍是主权在民理念。民主国家筹建行政管理要比君主国家困难得多。正是我们以往最珍视的政治成功所具有的完备性困扰着我们。我们将公众舆论推上帝王的宝座；但在其统治下，却不允许我们接受有关执行专业技能的速成训练或接受使政府职能达到理想平衡状态的速成训练。也正是因为我们充分实现了民众治理，才使"组建"此种统治的工作变得更加困难。为了从根本上取得进步，我们必须对称之为"公众舆论"的君主进行教导和劝诫——影响一个被称为"国王"的孤家寡人远比采取这种形式更具可行性。一个君主会采纳简洁的计划，然后直接予以实施：他有而且只有一个观点，他会将这一观点以命令的形式公之于众。但是，一群君主即公众，却持有无数不同的政见，他们绝不可能在任何事情上轻易就能达成一致：要发展就必须要妥协，我们需要调和各种政见的差异，需要反复修订计划和压制过于率直的原则。这样在以后的很多年里就要具有锲而不舍的决心，需要发布连续不断的命令修订整个计划。

正如道德领域所面临的问题一样，政府所面临的最艰难的任务莫过于要取得进步。过去之所以会如此是因为，作为君主的个人一般都自私自利、愚昧无知、胆小怯懦或者是一个傻子——当然，偶尔也会出现聪明睿智的君主。现在之所以也很难进步，原因在于统治者是大众，他们人数众多，吸纳的意见纷繁复杂，数千大众的愚昧无知、顽固执拗、胆小怯懦和愚蠢荒唐铸就了全部统治者的自私自利、愚昧无知、胆小怯懦、顽固不化甚至愚蠢鲁莽——虽然其中有数百人也是聪明睿智的，但这只是少数而已。以前改革者的优势在于，君主的想法存在于固定之处，即它包含在一个人的头脑中，因而是可以了解的；然而，这也是一种劣势，这一头脑的学习是不情愿的，或者是学的东西比较少，甚至它正受着那些误人子弟的人的影响。而如今，情况却正好相反，改革者茫然不知所措，因为统治者的思想并无确切来源，而是存在于数百万个投票者的头脑中；改革者感到困窘还在于他们的思想也会受宠信者的影响，实际上，宠信者依然具有这个词原有的褒义，因为他们不是那种事先就已想好见解的人；也就是说，偏见是无法用理性来思考的，因为它不是理性的产物。

无论在什么情况下，如果尊重公众舆论是政府的第一准则，那么践行改革必会迟缓，所有的改革也会充满妥协。这是因为，不管在什么地方，只要公众舆论存在，那么它就会占据统治地位。如今这是大半个世界都承认的公理，甚至在俄国，人们也逐渐将之奉为圭臬。不管是谁，如果他想要在现代宪政政府中进行改革，他必须首先教导他的同胞们，使他们希望社会发生某种变革。完成这些之后，他必须劝服大家接受他所期望的那种特定变革。他必须首先使公众愿意倾听意见，然后务必确保公众倾听正确的意见。他必须鼓动大家寻求一种舆论，然后树立正确的舆论。

第二步和第一步实施起来几乎同样困难。对于舆论而言，掌握它的人总会占优势。这几乎是不可能改变的。在一代人看来，如果制度似乎只是实现原则的权宜之计，那么下一代人则将之尊崇为最有可能实现原则的近似方法，而再下一代则干脆将这一制度崇拜为原则。实现制度的神化无需经过三代就能实现。孙子会将祖父犹疑不定的试验当作是自然不变制度的不可分割的一个组成部分。

即使我们对全部政治历史明察秋毫，并且能够从受过教育的完美头脑中塑造出由政治原则最终演变为应用于政府的众多稳定、有效而缓和的至理准则，但是政治国家是否会照章办事呢？这正是问题的所在。大多数人执拗死板，不懂哲学，而如今大多数人却要投票选举。一个真理必须要简单易懂，而且要平易普通，这样普通大众才能了解它；并且在这些人下定决心照章办理之前，要让他们明白，如果不这样做必会招致极大的不便和痛楚的烦扰。

在缺乏哲学头脑的人数比例构成上，又有哪一个地方比美国更复杂多样呢？为了弄清楚这个国家的民心民意，我们不仅必须要了解原有美国人的思想，还要了解爱尔兰人、德国人和黑人的思想。为了让新学说获得立足之地，我们必须影响每一个种族铸就的思想，那些源自环境偏见的思想被众多不同民族的历史所扭曲，甚至也受到了地球气候温暖或寒冷、区域封闭或开放的影响。

对于行政学研究的历史以及特殊困难的条件，我们姑且就谈这么多。当我们开始进行探索时，我们也必须承受这一切。现在的问题是，这一研究的主旨是什么？这一研究的特定目的是什么？

二

行政管理领域是一种事务性领域。它与政治的纷乱和冲突无关；它的大部分内容甚至已经脱离了宪政研究的讨论基础。它是政治生活的一部分，正如办公室的工作方法是社会生活的一部分，也正如机械设备是工厂制成品的一部分。与此同时，通过行政管理的重大原则，它与充满政治智慧的恒久准则和政治进步的永恒真理直接联系在一起，正因为如此，它也就大大超越了纯粹技术细节的低级水平。

行政管理研究的目的是将行政方法从经验试验的混乱不堪和奢侈浪费中解脱出来，并使其深深植根于稳固原则之上。

正因为如此，我们必须将当前阶段进行的文官制度改革视作更完美行政改革的序曲。现在我们必须优化任命方法；我们必须再接再厉，继续更为精当地调整行政职能，并对行政组织和行为规定更佳方法。因此，文官制度改革只不过是我们进行下一步改革的思想准备。通过将政府机构的庄严性塑造为公信力,它可以消除官场中的官僚作风;通过行政公道,它可以开辟一条有条不紊的行政之路。通过端正动机,它可以改进行政管理的工作方法。

请允许我对已经论述过的行政管理领域稍加拓展。需要注意的最重要的一点是,我们的文官制度改革者如此坚决而幸运地坚持了这一真理;也就是说,行政管理存在于政治特定范畴之外。行政问题并非政治问题。虽然政治为行政安排了各项任务,但是政治却无需自寻烦恼地去操纵行政机构。

这就是最高权力机构的特色;声名显赫的德国学者们坚持认为这是理所当然的。举例来说,布伦奇利(Bluntschli)教导我们同样要将行政从政治和法律中分离出来。[①] 他认为,政治是国家在"重大而普遍事项"方面的活动,而"另一方面,行政"则是"国家在个别和微小事项方面的活动。因此政治是政治家的特定活动范围,行政则是技术官僚的活动范围"。"如果没有行政的襄助,政策就会一事无成";但是行政并不能因此就成为政治。然而对于这一立场,我们无须求教德国的权威人士;幸运的是,行政和政治之间的区别现在已经昭然若揭,已无需我们进一步讨论。

还有另一种区别,我们必须要写进我们的结论中,虽然这只是政治与行政的另一个方面,但是一般很难察觉到:我指的是宪

---

① *Politik*, S. 467.

政问题和行政问题的区别，为适应宪政原则所做的政府调整与仅仅是为了灵活应变的便利而改变目标的政府调整之间的区别。

如果不对繁琐细节见微知著，不对这些区别深入体察，我们很难向别人解释清楚任何一个务实政府中众多机构各自的管辖范围。如果不跨过高山越过溪谷，攀爬部门差异垒成的令人眩晕的嶙峋高峰，穿越法律规章组成的稠密丛林，随处可遇"如果"、"但是"、"当"和"然而"等字眼，就不存在一条将行政功能和非行政功能区分开来的明确界线，可以对政府的这个部门和那个部门进行划分，除非所有这些东西在那些不习惯这种调查方法、不能熟练使用逻辑判断"经纬仪"的普通人的眼中都消失，否则界线是不可能出现的。大量的行政工作在世界上大部分地区悄无声息地进行着，它时而与政治"管理"混为一谈，时而与宪法原则纠缠不清。

这种易于混淆的状态也许能解释尼布尔（Niebuhr）的一番言论：他认为，"自由更多取决于行政管理，而不是取决于宪法"。初看起来这似乎是基本正确的。很显然，尽管只有宪法保障才能保护自由的存在，但自由的实际实施仍依赖于更多的行政安排，而不是依赖宪法保障。但是——再想一想——难道这样就正确了吗？虽然安逸与活力能使健壮的人四肢进行活动，但智慧并不存在于安逸和活力之中，这与自由不存在于简单的职能活动之中也是一样的。在人们心中和宪法中的诸多支配性原则才是自由或奴隶状态的重要根源。独立和服从并未被束缚住，体贴入微、慈父般的政府所做的每一项改善工作的设计又使之趋向缓和,所以它并不能转变成自由。自由脱离了宪法原则就无法存活;不管一种行政管理的方法如何完美和开明,只要它以褊狭的政府原则为基础,那么它给予人们的自由就是拙劣的自由赝品。

"自由更多取决于行政管理,而不是取决于宪法。"(尼布尔)

对宪法的范围和行政职能范围的差异有了明确的认识后,我们就不会再产生误解了;而且我们很有可能会提出一些初步的确切标准,而上述认识是可以建立在这些标准之上的。公共行政是指具体而系统地执行公法。普通法的每一次具体应用都是一种行政行为。举例来说,摊派税款和增加税收、将罪犯处以绞刑、邮件的运输和递送、陆海军的装备和征募等等,很显然,这些都属于行政行为;但是,指导这些行为实施的普通法很显然是处于行政管理范围之外或是高于行政管理的。政府行动的诸多计划并不属于行政管理的范畴；而这些计划的具体执行则属于行政管理的范畴。因此，宪法自身所关注的仅仅是政府用以支配普通法律的工具。即使是面对最高层次的纯粹执行机构，我们的联邦宪法也遵守这一原则，它涉及的只是联盟中共同履行政府立法和政策制定职能的总统，最高法院中解释和捍卫宪法原则的法官，而不包括那些仅仅是陈述这些原则的人。

这并不完全是"意志"与相应"行为"之间的差异，这是因为，行政官员为了完成工作任务而选择手段时，他本应而且也确实有自己的"意愿"。他不是也不应该只是一种被动的工具。这种区别就是一般计划与特定手段之间的区别。

实际上，有一点需要指出，行政研究侵犯了宪法的基础——或者说，至少侵犯了宪法基础一样的东西。从哲学的角度来看，行政研究是与宪法权威的合理分配紧密联系在一起的。为了高效行事，它必须找到一种最简明的安排，以此明白无误地确定每个官员应承担的责任；它必须找到一种不对权力造成损害的最佳权力划分方式，找到一种不会导致责任模糊不清的责任分担方式。当权力分配问题被纳入到政府更高层次的职能和根本职能时，它很显然就是一个重要的宪法问题了。如果行政研究能够确定为权力分配提供基础的最佳原则，那么它对宪法研究的贡献是不可估量的。我坚信，孟德斯鸠（Montesquieu）对这个问题的看法绝非是盖棺定论。

与官员只服务于少数人的制度相比，在官员服务于民众的民主制度中，找出权力分配的最佳原则显得更为重要。统治者对其奴仆向来不信任，而享有主权的民众也不会例外；但是，如何才能用"学识"来减轻民众的怀疑呢？如果这种怀疑能够变成明智的警觉性，那么这都是有益的；如果通过准确无误的分配责任对警觉性有所助益，那么这也都是有益的。不管是在私人还是公众的头脑中，怀疑本身就是一种不健康的表现。在人生的所有关系中，"信任就是力量"；正如宪政改革者的职责是创造信任的条件一样，行政管理组织者的职责在于使行政管理与职责明晰的责任相匹配，而这种职责明晰的责任能保证人们获得信任感。

我认为，拥有巨大的权力和不受约束的自由裁量权在我看来是承担责任必不可少的条件。不管是在行政管理良好还是混乱的情况下，公众注意力必定很容易转向值得表扬或谴责的人。只要权力承担责任，它就不具备危险性。如果实行分权，将权力分配给很多人共享，那么它就会变得模糊不清；如果权力模糊不清，就会导致责任不明。但是，如果权力只是以行政部门的领导或者行政分支部门的领导者为中心，那么它就很容易受到监督和问责。如果一个人要履行其职责，他必须要以开诚布公的方式取得成功，与此同时，如果他受到重用，被委以很大的自由裁量权，那么他的权力越大，他滥用权力的可能性就越小，他就会更加小心谨慎、沉着应变，他自身的能力也就会得到快速提升。反之，他的权力越小，他就越感到自己的职位微不足道、毫不引人注意,也就越容易故态复萌,变得不负责任。

很显然,我们在这里讨论的是这一领域中另一个更大的问题——公众舆论与行政管理之间的适当关系。

官员应当公开忠诚于谁呢,他们又该受到谁的奖赏呢?官员体恤民众是不是为了获得褒奖或者是为了升官的一己之私呢,或者只是在他的上级面前作秀呢?就像发动民众制定宪法原则一样,我们是否也应当发动民众来制定行政纪律呢?很显然,这些问题的根源在于,大家公认的整项研究的基本问题是什么。这一问题是:公众舆论在行政管理活动中将会发挥什么作用呢?

正确的答案似乎是,公众舆论应发挥权威评论家的作用。

但是,借以获得权威的方法应当公之于众吗?美国在构建行政管理方面的特殊困难并不是面临失去自由的危险,而在于不能够或者不愿意将自由的本质和现象区分开来。我们的成功被我们的错误所困扰,让我们变得犹疑不定,而这个错误就是试图通过投票做更多的事情。自治并不意味着事事都要染指,正如同操持家务并不意味着非要亲自动手做饭一样。在管理炉火和厨具问题上,我们必须赋予厨师很大的自由裁量权。

与那些公众舆论已经完全觉醒、完全专注于按自己的方式行事的国家相比,在那些公众舆论的地位仍需提升、行事仍未自成一统的国家中,公众舆论的范畴问题更容易解决。当一位德国政治学教授专门写一本著作来告诫他的同胞们——"请对国事发表一下看法"时,你会觉得这是令人感到同情的一件事情;当如此谦逊的公众面对一些必须服从的事情时，他们没有权利去思考和发表言论，那么我们至少可以预见，他们一定会非常顺从地默许。这可能是反应迟钝在作祟，但这并不是爱管闲事。在尝试教导公众之前，公众必须先服从接受教导。政治教育要始于政治行动之前。在努力指导本国的公众舆论时，那些与我们打交道的学生会自认为以前已经受过充分的教育了。

问题在于，我们不仅要使公众舆论具有效力，还要免受它的好管闲事之苦。当公众舆论直接监督政府的日常事务和选择政府的日常工作方法时，公众的评论就像一个令人讨厌的家伙，就像一个乡巴佬在操作一部精密的机器设备。但是，当对诸如像政治和行政的各式政策所具有的巨大力量进行监督时，公众的评论是完全可靠且有益的，同时也是必不可少的。行政研究应当找到一种能够给予公众评论控制监督的能力以及将其他干扰拒之门外的最佳方法。

但是，当行政研究教会人们知道自己期望和需要什么样的行政，以及如何才能得到他们想要的行政时，行政研究的全部职责就到此结束了吗？难道它不应该继续为政府行政机构培训后备人员吗？

在我国，当前正在展开一项值得赞誉的普及性政治教育。如果没有良好的政治学师资，一个备受赞誉的大学就不可能承办下去，而这样的时刻马上就要到来了。然而，由此传授的教育将会继续发展，但尚需假以时日。它将会使对政府的理智批评迅速增多，而不会培养出大量的行政管理人员。它将会为准确理解政府基本原则的发展铺平道路，但必定不会提升管理政府的技能。这种教育可以培养出立法者，但却培养不出行政官员。如果我们要善用这种作为政府动力的公众舆论，我们就必须预备好更好的政府官员充当政府的"工具"。如果我们为驱动政府这台机器添置了新的锅炉，也加大了炉火，那么在新动力的推动下，我们就必定不会任由旧的车轮、接头、阀门和铰链发出吱吱呀呀咔咔哒哒的噪音。不管机器的哪一处需要加固或者调整，我们必须安装新的运转部件。政府机构公职人员已经做好准备进行专业知识的公平测试，通过对他们进行竞争性考试来构建民主制度是非常必要的。受过专业训练的文官队伍在不久的将来会是不可或缺的。

我相信，一支经过特殊教育和专门培训的文官队伍在接受任命后，会进入一个具有适当等级和特定纪律的完美组织中，对于许多深思熟虑的人而言，它似乎构成了可能造就一个傲慢官僚阶层的基础——这一阶层是一个独特的、半社团化的组织，他们的同情心与那些追求进步且具有自由思想的民众割裂开来，他们心中只充斥着妄自尊大的官僚所特有的卑鄙无耻。可以肯定，这样一个阶层在美国必定会招致愤恨，贻害无穷。对我们而言，任何打算造就这样一个阶层的措施都是反动而愚蠢至极的措施。

但是，如果我们害怕会得出像我在本文提出的研究结果一样的结论，即产生一个飞扬跋扈、不容别人有言论和行动自由的官僚阶层，那就等于完全不理解我最希望坚持的原则。这一原则是：美国的行政管理必须在一切方面都对公众舆论保持敏锐的反应。在任何情况下，我们必须拥有一支受过充分训练的官僚队伍以良好的品行提供服务：这是日常工作的需要。当我们问"什么才算是良好品行"的时候，对"这一官僚队伍是非美国式"的疑虑就会一扫而空。很显然，问题的答案一目了然。坚定而全心全意忠诚于他们服务的政府所提出的政策就是良好的品行。而政府的政策并未沾染官僚习气，它并非是常任文官的发明，而是对公众舆论直接负责且必须负责的政治家的创造。只有当国家的全部行政机构与民众、机构官员和基层成员的共同政治生活相分离时，官僚制度才能生存下去。其动力、目标、政策以及标准必定充斥着官僚主义习气。对于在一个真正为民众服务的部门官员领导下为民众服务的部分官员而言，我们很难指出他们傲慢粗鲁地排斥异己和独断专行的实例。另一方面，要引证其他例子则是非常容易的，比如普鲁士受斯坦因的影响，在一个真正具有公共精神的政治家的领导下，可以将妄自尊大和敷衍塞责的官僚机构转变成公正政府具有公共精神的工具。

我们的理想是建立一套文官制度，它具有良好的教养和独立的精神，足以能够按照理性且精力充沛地行事，而且通过选举以及经常与公众协商保持与民众思想的紧密联系，这样就彻底消除了官僚的专横独断或等级倾向。

三

对行政研究的各项主旨和目的进行综览之后，我们总结出的最适用于它的方法是什么呢——对它最有利的观点是什么呢？

我们对政府如此熟悉，我们每天都要与这个庞然大物打交道，以至于我们很难看出有必要对它进行哲学研究，或者说很难知晓进行这一研究的准确意义。我们用脚走路的时间已经太久，以至于已经无法学习走路的技巧。我们是一个务实的民族，经过上百年的实验训练，我们在自治方面已经非常灵巧和熟练，这就使我们无法认识到我们正在运用的特定制度所具有的缺陷，原因仅仅是我们可以驾轻就熟地使用任意一种制度。我们无需研究治国之术：我们本身就是在治国。但是仅仅让那些尚未受过训练的天才来处理国事，是不能将我们从可悲的行政失当中拯救出来的。虽然民主主义者传承的历史悠久，也经历了反复遴选，但我们仍是尚不成熟的民主主义者。民主的历史悠久，但是要在现代观念和条件的基础之上构建起组织机构仍然是一项未竟的事业。民主国家要准备担负起工业和贸易时代需要行政管理担负的千钧重担，它们正在迅速积聚。如果不对政府进行比较研究，我们就不能摆脱下述误解，即在民主国家和非民主国家基础之上的行政管理是建立在一种根本不同的基础之上的。

在经过如此一番研究之后，我们便可以将一项巨大的荣誉授予民主，即凡是影响公共利益的重大问题都通过辩论的方式最终决定，在大多数人意志的基础之上建立起一切政策框架；对于所有类似的政府而言，我们却只可能找到一种善政规则。就行政职能而言，所有政府的结构都具有高度的相似性。不仅如此，如果这些政府想变得同样实用和有效，它们必须具有很强的结构相似性。自由人和奴隶一样，不管他们的目的、功绩和能力多么不同，他们都有着相同的身体器官，由相同的机能组成。虽然君主政治和民主政治在其他方面完全不同，但是在现实中有很多需要处理的事务是相同的。

我们现在可以毫不怀疑地坚持认为所有政府都存在这种相似性，这是因为，在我们现在所处的时代和在那些像我们这样的国家里，依靠勇敢、警觉、喜欢盘根问底而又善于明察秋毫的公共思想以及一种前所未有的公众自力更生的坚定信念，很容易就可以曝光和阻止滥用权力。虽然我们迟迟没有认识到它的重要性，但是我们会很容易理解它。我们可以试着设想一下美国建立个人独裁政府的情形，这就像是设想建立对宙斯的全国性崇拜。我们对功绩的想象太超前了。

但是，除了上述观点之外，我们还有必要明白，所有相似政府在行政管理方面的合法目标是相同的，这并不是为了让人们对那种通过研究外国行政管理制度就能得到启示和建议的想法感到惊恐；而是为了消除人们的疑虑，即我们可能会盲目地借鉴一些与我们的原则不相符的东西。那些对力图将外国制度移植到本国的做法进行公然抨击的人会盲目地误入歧途。实际上这是不会发生的：外国制度在国内根本无法发展。但是，如果它们是可以使用的，那我们为什么不将外国的这些创新发明拿来为我所用呢？我们以一种外来的方式使用它们是不存在任何危险的。我们引进了大米,但我们吃米饭却不用筷子。虽然我们的所有政治术语都是从英国引入的,但是我们却将"国王"和"贵族"这两个词弃之不用。除了基于个人基础之上的联邦政府行为和联邦最高法院的某些职能外,我们曾经首创过什么呢?

只要我们能从行政管理的本质原则来理解行政管理条件所具有的全部根本差异性,那么我们就可以放心地引入行政科学,并从中受益。我们要做的是用我们的宪法对其加以过滤,将之放在评判的文火上慢慢烘烤,消除其外国习气。

我知道,在一些忠心耿耿的爱国者头脑中存在的担忧日渐明显,他们认为对欧洲制度的研究会使一些外国的方法显得比美国的方法好;这种担忧是不难理解的。但是任何组织都没有公开承认过。

因此,我们更有必要坚持消除在国外而不是在国内为这一研究寻求建议的偏见,这是因为,在整个政治学领域中,我们似乎在行政学领域能更稳妥地使用历史比较法。也许形式越新颖,我们的研究就会越出彩。我们应更为迅速地掌握我们自己的方法所具有的特色。我们只拿自己跟自己比较,就永远无法知道自己的缺点和优点。我们对自己制度的外部特征和方法太过于熟悉了,以至于我们无法发现其真正意义。也许英国的制度与我们的制度太过于相像,以至于我们无法将它作为最有用的例证。总的说来,我们最好是完全脱离我们自己的窠臼,认真仔细地考察诸如法国和德国的制度。透过这些媒介来观察我们的制度,我们就会像那些看待我们时不怀有任何偏见的外国人那样看待我们自己。对我们而言，如果我们只了解自己，那我们就会一无所知。

需要说明的是，正是上述对行政和政治的划分使比较方法可以在行政领域中稳妥地使用。当我们对法国和德国的行政制度进行研究时，因为我们明白我们不是在探求"政治"原则，所以，当法国人或德国人用微不足道的宪法或政治原因向我们解释其行政实践时，我们大可不必在意。如果我看到一个穷凶极恶之徒在磨刀霍霍，我可以借鉴他的磨刀方法，而不效仿他用刀子杀人的动机；因此，如果我看到一个彻头彻尾的君主主义者能很好地管理政府机构，那我就可以学习他的管理方法，而不改变我作为共和主义者的本色。他为他的国王效劳，而我则会为公众服务；但是我会像他对待自己的国王一样忠诚地为我的主权者服务。通过保持这种思想观念的差异——也就是说，将研究行政管理作为政治付诸快捷实践的一种方法，作为一种能够使民主政治通过行政管理覆盖到每个人的方法——我们完全可以高枕无忧，我们可以学习国外制度给我们的教益而不犯错误。这样我们就为比较研究方法设计出了一个可调整的砝码。因而我们就可以仔细分析外国政府的架构，而不必担心任何疾病会侵入我们的血管；可以仔细研究外国的制度而不用忧惧会患败血症。

我们自己的政治理应成为所有理论的试金石。建立在美国行政科学基础之上的原则必须是在本质上包含民主政策的原则。而且，为了适应美国人的习惯，一切当作真理的普适理论必须适当限定在一定范围之内,不仅要限定在公开的论证中,还要限定在我们的思想之中——以免我们那些符合图书馆式标准的观点会被教条式地运用,就好像他们必须要和实用的政治纲领一样让人十分满意。空谈制度设计必会阻碍实践的检验。我们必须毫不犹豫地对那些为其他国家的经验认可且与美国习惯相契合的安排从理论层面上予以完善。简而言之,我们应将稳重实用的政治才能摆在首位,将故步自封的教条原则放在次要位置上。世界主义者的"做什么"观念应当永远受美国式的"如何做"观念来支配。

我们的职责是,为联邦组织和政府内部机构提供尽可能最好的生活;使城镇、城市、县、州和联邦的政府能够同样强固,并能够确保同样运转良好,使以上各级政府能够毫不动摇地保持其主人翁地位,并使它们之间相互依存又彼此合作,将独立与互助结合在一起。这一重要而伟大的任务足以吸引最有才智的人参与进来。

这种地方自治与联邦自治之间的交叉关系是一个崭新的概念。它与德意志帝国联邦的结构是不同的,因为那里的联邦政府并非完全是地方自治政府,所有的官僚都忙忙碌碌。他们的效率源自于团队协作精神,源自于对上级权威那种阿谀奉承的谨慎服从,或者用最好的话来形容,是源自于仁慈道德的温床。他尽职尽责并不是为民众,而是为一个不负责任的部长。我们面临的问题是,我们政府内部的各级政府在实施行政管理的过程中,如何才能保证政府官员发挥最大的聪明才智和最努力地恪尽职守乃是出于公职人员内心的关切、出于对社会的责任而不仅是出于为上级负责呢？如何才能通过极大满足政府官员的生计所需在最大程度上激发他对这种服务的兴趣，如何鼓舞他的雄心壮志使其获得最珍视的兴趣，如何增进其荣誉和培养其性格使其获得这种最崇高的兴趣呢？以及如何才能让地方部门和全国全都实现这一点呢？

如果我们解决了这一难题，那么我们将再度领先世界。现在有一种趋向——难道没有吗？——虽然仍很模糊，但是它的发展已经日益凸显，而且很明显，它注定要盛行起来，首先要在诸如像英国这样由众多地区构成的联邦中盛行，最后会在一些大国中风靡。由此就会出现一些在允许限度内分权的广泛联盟，而不是走向集权化。这是一种美国式的趋向——为了追求共同的目标，政府与政府联合在一起，在道义上相互平等，在隶属关系上相互尊重。到处都有诸如公民自由的原则在促进类似政府手段的发展；如果对政府的行政管理方式和手段进行比较研究能让我们提出建议，使我们能够在乐于接受所有严肃而持续的公众批评的前提下，将政府行政管理所具有的开放性和活力切合实际地结合在一起，那么不言而喻，它们被归为政治研究中最高级别和成果最丰硕的重要学科分支是当之无愧的。我信心百倍地希望这一研究会在这些建议中发展起来。

写于 1886 年 12 月 1 日